深度學習
參與世界改變世界

Michael Fullan

Joanne Quinn　　　著

Joanne McEachen

陳 佩 英　　　總編譯

深度學習：參與世界改變世界

作者：Michael Fullan, Joanne Quinn & Joanne McEachen

這本書將深度學習從教學工具提升爲一種系統化的方法，目的是爲了創造強大的綜效反應，增強專業、社會和文化資本。本書深信，如果學校系統從只有「少數優勝者才能越過終點線」的篩選人才方式，轉換成培養多元的學習人才，那麼所有學生都有能力學習。《深度學習》這本書的力量就在於提供實用的建議，以幫助學校系統發展、將規則成爲指引、最後將典範實踐的模式轉變爲學校文化。

—Andreas Schleicher，OECD 秘書長的教育政策特別顧問
兼 PISA 考試主任

我們生活在創造力就是新資本的世界。 Michael Fullan、Joanne Quinn 和 Joanne McEachen 的書帶領我們深入了這個世界。請大家閱讀、開啓及學習！

—Daan Roosegarde，荷蘭設計師、建築師兼創新者

透過數十年艱苦奮鬥的教育經驗及遙望著我們不安的未來，世界上最受尊敬的教育專家之一 Michael Fullan 與合著者 Joanne Quinn 以及 Joanne McEachen 共同撰寫了全面且實用的學校轉型指南。該書除了寫給政策制定者外，也寫給教育實踐者，他們在理論與實踐之間不斷切換，解構教育體系變革中的「方式」。對「要讓孩子們準備好接手這個複雜且相互依存的世界」這件事認眞以對的人來說，這本書是必讀的。

—Barbara Chow，前教育總監，William and Hewlett 基金會

Michael Fullan、Joanne Quinn 和 Joanne McEachen 提供了一套強而有力的想法，可以更廣泛地實現深度學習。深度學習在教育系統中的各個階層都有開發示例──從個別學生和教師到每個教室、學校和州都有。這本書建議了該如何從根本來重新設計學習，改變已知的學校教育模式。

—Linda Darling-Hammond，學習政策研究所所長；
Charles E.Ducommun，史坦福大學榮譽教授

有許多「深度的教師」，一些「深度的學校」，但很少有「深度的教育系統」。因此，我們很幸運有 Michael Fullan、Joanne Quinn 及 Joanne McEachen，他們發揮出色的才能，為深度學習的系統改變確認出正確方式。他們利用自身和七個國家 1,200 間學校的合作，具體描繪出強大學習方式的樣貌，以及系統領導者該如何協助學生創造有挑戰性、有參與度並有自主感的學習。如果系統負責人想要將系統從工業時代的官僚體系轉變成現代學習型組織，他們都應該閱讀本書！

—Jal Mehta，哈佛大學教育學院副教授

這本書帶我們進行了一趟刺激的旅程，探索為何及如何加深學習，藉此讓教學圈重新發現教學的樂趣，並協助學生沉浸在無盡的學習領域。

—Lynn Davie，澳洲維多利亞省教育局中等教育改革、
轉型及優先科目學習教學處處長

這本書呼籲大家採取行動。Michael Fullan、Joanne Quinn 和 Joanne McEachen 用他們深度的概念知識和豐富的實踐經驗帶領我們走上變革之路。深度學習借鑒了來自全球七個國家的工作成果，展示出深度學習運動的人文和國際精神。

—Miguel Brechner，烏拉圭 Ceibal 計畫總裁

Michael Fullan 和他的同事 Joanne Quinn 及 Joanne McEachen 再次發表具有開創性的書籍，探討該如何爲更多學生提供深度的學習經驗。對於有興趣促進教育平等並發展學生內在好奇心的教育者來說，這本書將是寶貴的資源。

—Pedro A. Noguera 博士，加州大學洛杉磯分校教育與
資訊學研究所傑出教育教授

深度學習將成爲您爲學生賦予目標感並與世界連結的口頭禪。在作者群最近的國際聚會中，我不僅僅是評論者，還親眼目睹了深度學習的實際應用。教師們火力全開！他們的教學特別吸引那些本來對學校或生活不太關心的學生，這一次再度激發了教師對教學的承諾。學生表現出強烈的認同感、創造力、精通能力和敬業精神。這本書向我們展示了我們的學生有多成功！

—Alan November，November Learning 資深合夥人

深度學習這本書揭開學校體制的表象，強調對系統範圍進行變革的必要性，以確保每個學生在自己的學習過程中都擁有能力和激情。深度學習匯集了來自世界各地從業者的作品，他們分享了振興教室、學校和整個學區的具體實例。最終，這本書展示了學校和學區學習方式的轉變是如何爲當今全球和數位世界中的所有學生帶來卓越和平等的機會。

—Tom D'Amico，渥太華天主教學區教育局副局長

《深度學習：參與世界改變世界》，這本書致力於解決我們所缺少的學習動力，以便讓學生、教育工作者及父母可以繼續在校外學習。憑藉這種深度學習的心智習性，隨著新理念和情境的出現以及對新素養的要求，我們所有人都有能力來準備進一步的學習。

—Patrick Miller，安大略省學校校長

當我們將學生學習經驗作為思考的核心，《深度學習：參與世界改變世界》提供對潛能的深刻見解。當我們創造情境讓教師和學習者建立互惠關係，結果不單只是更高的成就和福祉，還能開啟機會，共同處理某些學生團體先天就遭受不平等的問題。

—Cathy Montreuil，安大略省教育部首席學生成就官、
學生學習成就組助理副部長

對於作為學習者和教育領導者的我來說，《深度學習：參與世界改變世界》捕捉了純粹快樂的本質。我們的旅程（作為深度學習協作的一部分）重新鼓舞了我們的教師、學生和社區，讓學生能夠真正在學術和社交領域積極發展。透過激勵好奇心來檢驗我們的理論和加強我們的實踐，協作探究圈讓領導和學習充滿熱情。

—Teresa Stone，澳洲維多利亞省 Derrimut 國小校長、
教育局領導研究所的領導力顧問

譯者序

　　由全球知名教育學者 Fullan 及其團隊分別於 2018 年和 2020 年出版了深度學習教學新創（New Pedagogies for Deep Learning, NPDL）及操作指引兩本專書。該書提供全球關心和投入教育變革的政策決策者和教育工作者可資參考的知識與實踐方法。

　　NPDL 是整全式的系統改革架構，重視政府、社區、學校、教師、家長和學生的共同投入，並強調學生主體及學習能動性的發展，培養 21 世紀的終身學習素養能力。NPDL 以全球素養（品格、溝通、協作、批判思考、創造力和公民素養）融入深度學習過程，並以學習設計四要素（學習環境、學習夥伴、教學實踐、數位利用）改變教學方法，提供學生拓展經驗並與生活世界連結，同時強調在真實問題中探究並發展思考與問題解決能力。NPDL 提供的全系統框架與實踐工具，可作為學校集體學習和協作的策進方法，進而建構學校與系統的變革能力。全系統變革包括為個體與群體、組織的橫向跨界合作與縱貫系統之協作潛力，藉由多層級的跨界合作，將資訊與回饋加以綜整與評估，並定期進行相互校準，帶動整個系統的反思性探究循環，持續精進與創新專業實踐，達成培養學生全球核心素養帶著走的能力。

　　NPDL 全球夥伴網絡自 2012 年成立，至 2021 年共有 12 國與地區約 2,000 多所學校參與 NPDL 全球網絡，該工具群組以系統變革為範疇，串接學校場域、國家場域、和全球教育論述場域。台灣自 2020 年加入 NPDL 全球夥伴網絡，目前共四個校群 28 所學校，包含國立學校九所，台北市高中七所，和新北市高中六所，與六所花蓮縣高中與國中小校。學校以集體方式共同學習，包括辦說明會、組成校群聯盟、成立校本推動小組、辦理跨校讀書會、暑期導入工作坊、國內研討會、課程與教學實踐、專家諮詢會議、參與全球網絡和區域網絡會議、專書翻譯、以及

即將辦理的國際研討會等，透過與國際連結產生素養課程的跨界共力行動。希望藉由國際連結、跨界學習、共力實踐與相互校準的探究循環，或能提供在地行動與全球變革知識共創可行的路徑，為新教育的實踐找出可行之路。

　　這兩本 NPDL 的中文譯本書得以出版需感謝投入密集翻譯與校對工作的台北市高中英文教師與校長，包括有邱淑娟退休校長、許靜喆教師、李憶慈教師、江惠眞校長、劉葳薇校長、李壹明教師、林容秀教師、徐采晨教師、曾瀅芮教師、洪金英校長、劉晶晶校長、李小蘭主任、楊瑞濱主任、郭慧敏主任、林承龍主任，暨南大學國際文教與比較教育學系洪雯柔教授，蓮溪教育基金會許伯安執行長，以及師大陳佩英教授。希望譯本的出版除了提供國內學校與教師加入與實踐深度學習的重要參考資料外，也能深耕學校跨界的國際連結，共同探索未來教育的創新實踐路徑。

此圖為 2021 年 7 月台灣校群舉辦國際研討會的敘畫

Fullan, M., Quinn, J. & McEachen J. (2018). Deep Learning: Engage the world change the world. Corwin Press and Ontario Principals' Council.

Quinn J, McEachen JJ, Fullan M, Gardner M, Drummy M. (2020). Dive into deep learning: Tools for engagement. Thousand Oaks, CA: Corwin.

國立臺灣師範大學教育系

陳佩英 2021.11.15

深度學習

> 致我們的共同創辦人 ── Greg Bulter
>
> 您正在看著我們嗎！

目　錄

將深度學習轉變成動力來源

深度學習在本質和範圍上有別於任何其他教育創新，它能改變學習的成果；對我們而言，它就是六個全球素養 6Cs：**品格、公民素養、協作、溝通、創造力和批判思考**。深度學習關注對個人和群體都有意義的事務，採用能永遠改變學生、教師、家庭和其他人角色的方式來探索學習，因而改變了學習的模式。

最重要的是，深度學習影響的不是少數幾個人，也不是少數幾所學校或學區，它影響了整個系統中的**所有成員**——兒童和成人。如果一個人很有抱負——想要成就整個系統的平等和卓越，該怎麼做呢？這就是這本書想要處理的內容。我們不能說我們已經解決了問題，但可以說，我們已經幫助釋放出新的能量並開展相對應的理解，在接下來各個章節都會介紹這些見解及想法。透過與學校系統夥伴的合作，我們在教育改革的道路上有了長足的進步。我們也知道，對那些急著提出解決方案或容易接受引導的人來說，任何新的或充滿希望的想法看來都像是閃亮耀眼的事物。因此，我們擔心深度學習是否會變成如希臘神話中會勾引人的蛇髮女妖一樣——誘使人們陷入不堪的下場。儘管如此，我們會站在救贖這一方，但同時也清楚明白，這本書中所描寫的變革既費時費力，也是反主流文化的。

另一方面，與科技相關的學習發展正呈現爆炸性地增長，且只會呈倍數發展。我們的立場是：學習是基礎動力，科技則是重要的加速

器。可以理解的是，那些對當今教育感到沮喪的人——包括那些為爭取更多公平而奮鬥的人——迫不及待想要有新的成果，但這樣的態度可能會導致人們言過其實。2017 年 7 月 21 日的《經濟學人》雜誌封面上有一張大腦圖片，標題是〈學習的未來：科技轉變教育的方式〉（The Future of Learning: How Technology is Transforming Education），這篇報導主要由比爾蓋茲基金會贊助，並由美國蘭德公司（RAND Corporation）進行研究，該報導的標題為〈眾所皆知的進展：有關個人化學習的實施與效果〉（Informing Progress: Insights on Personalized Learning Implementation and Effect）（Pane et al., 2017, p.2）。在這項研究中，約有 40 所學校參與「下一代學習挑戰」機構（Next Generation Learning Challenges, NGLC）的「學校突破模式」計畫（Breakthrough School Models），其中四分之三的學校是特許學校。

> 我們的立場是：學習是基礎動力，科技則是重要的加速器。

一般來說，這些學校的規模都很小（小學 230 名學生，高中 250 名）；所有學校都在追求**個別化教學**，也就是「優先考慮每個學生的需求和目標，並針對學生的需求和目標量身訂做教學」（Pane et al., 2017, p. 2）。將這些實施個別化學習的學校與全國樣本或與「傳統地區學校」的教學實踐進行比較（頁 3），有一些指標可以展現出個人化學習的前景，但總體結果並沒有顯現出重大的區別。

考量到個別化學習只是深度學習模式的一小部分，且這樣的比較只涉及到一群有優勢的「**突破模式**」學校，我們可以說，這樣的結果並未令人印象深刻。在 NGLC 樣本中：

> 各校實施特定的個別化教學程度不一，看起來沒有一所學校能像理論所預期的那樣，跟傳統的學校有本質上的不同。（Pane et al., 2017, p. 2）

進一步地說：

> 有些較難實施的層面，像是學生與教師一起討論進度和目
> 標，不斷記錄學生的優勢、劣勢和目標，以及學生對主題和
> 素材的選擇權等，似乎與全國學校的作法沒有什麼不同。
> （Pane et al., 2017, p. 2）

說真的，美國蘭德公司的研究結果並不差！是《經濟學人》迫切
地希望公立學校可以進行變革，才會這麼想要將「學校突破模式」付
諸實踐。《經濟學人》弄清楚了一些先決條件，好比指出：「科技和
教師可以共同改造學校」，以及「確保教育科技是縮小而不是擴大不
平等」（Econoist, 2017）。然而，目前沒有策略或行動可以做到這一
點，我們從上述美國蘭德公司的研究可以得知，即使是具備優勢和機
會的學校，也無法深層地改變實踐。我們的書不一樣，本書奠基於能
全面實施深度學習的模式及其在七個國家許多公立學校的實作歷程。
書中的案例證明了好的教育科技可以加速優質的學習。如同我們在烏
拉圭的案例中所看到的，開發中國家使用新型便宜又可自行調整的軟
體，就能夠有效協助眾多弱勢的學習者。

自 2003 年以來，我們一直積極地進行系統變革。我們的工作模
式是與大量的系統合作，一起促成重大變革，從中學習、更加精進
並學習更多。我們將其稱之為「證據為本實踐驅動理論」（Informed
Practice Chasing Theory），這使自己與系統都能更加精進；我們也
了解到，許多富創意的想法不是來自研究本身，而是來自於優秀的實
踐者。

對變革的需求和採取行動的機會越來越一致。舊有的系統只適用
於少數人；即使是成功人士，比方說表現特別卓越的人，在這日益複
雜的時代裡，也並非過得那麼順遂。有趣的是，新的危機迫使人類重
新思考彼此之間以及與地球和宇宙之間的關係。獨特的新興結構是我

們現在面臨的挑戰，讓我們必須透過學習來主動改變世界。換句話說，巴西教育家和批判哲學家 Paulo Freire 在 1960 年代為農民處境發聲的見解，也可用來改善所有人的生活；而這樣的見解如今正在全球大規模地普及化。Freire 有一個基本假設，即人類的「職志」就是要「影響世界並改變世界；能夠如此行動，就能踐行一種新的可能，讓個人和集體有更充實且更富裕的生活」（頁 32）。他繼續觀察到，在過渡時期（我們不必證明現在就是其中一個階段），人類比以往任何時候都更需要與正在發生的「變革之謎」建立連結。

深度學習就是要我們在一個複雜且令人生懼的世界中找到自己的位置，透過個人和與他人共同的學習來轉變現實。「深度學習運動」的重要意義在於：它不是由政策或政府高層所推動的，而是來自「中間階層」（學區和市政府）和「基層」（學生、教師）的力量。因為明智的決策者漸漸知道培養具備精通全球素養的公民有其必要性，他會懂得利用並致力於深度學習的發展。

> 新的危機迫使人類重新考慮彼此之間以及與地球和宇宙之間的關係；讓我們必須通過學習來主動改變世界。

這本書立基於我們與全球學校夥伴系統實際的合作。教育現狀基本上越來越不受歡迎，而我們就是那個替代方案，我們也能夠對其作清楚的說明；此外，在這場**刻意的社會運動**中，我們記載到的新興突破已經吸引到學生、教師和其他人的關注及投入，因此，深度學習是一股具有改變當代學校系統的力量。話雖如此，我們還是會擔心深度學習的運動是脆弱的，它可能會被現狀慣性的強大力量所制服，或因為工作變得過度複雜和困難而弱化。因此請記住，結果可能有兩種：一是令人振奮的學習：它轉變學習者和他們生活的世界，成為不可或缺的一分子；二是僅僅成為教師和學生生活中另一個平淡無奇的章節。事物的變化越大，他們是越有可能保持不變？抑或，當今世界有了什麼不同？我們認為世界正在改變，而這本書就是關乎如何用更好的方式來發展學習的世界。

我們實現根本變革的方法就是要跟系統中的相關人員一同努力。因此，我們與系統中的所有層級一起合作：本地學校和社區、中間階層（學區、市政府、網絡）和高層（政府）。如果你願意，我們將在一個生活實驗室（Living Laboratory of Learning）中重新塑造整體系統。特別的是，我們現在跟七個國家，大約 1,200 所學校合作，建立了**深度學習教學新創（New Pedagogies for Deep Learning, NPDL）**的合作夥伴關係，其中包括澳洲、加拿大、芬蘭、荷蘭、紐西蘭、烏拉圭和美國（關於每個國家的簡短評論，請參閱附錄）。我們刻意使用「文化重塑」這個詞，組織文化研究的先驅 Edgar Schein（2010）將其定義成「群體在解決外部適應和內部整合問題時所習得的共通基本假設模式」（頁 18）。深度學習代表著文化的變革，而非計畫上的更改。計畫無法超越，但文化可以（Scott, 2017）。

> 計畫無法超越，但文化可以。

我們雖不能說在這種情況下深度學習系統發生了大規模的變革，但的確有越來越多人投入其中，這足以使我們確信全系統變革是有可能發生的。除了這個好消息之外，世界各地的個別學校也產出許多其他深度學習的例子，可以用它們來進行更大的變革。

我們是第一個指出巨大障礙的人：障礙包括不良的政策、錯誤的考試制度、當權者試圖繼續把持不平等、不平等時現象越來越嚴重、對公共教育不足且不平衡的投資；此外，想要證明深度學習才是學習的正軌且可在短時間內產生成果，這有其複雜度。

正如我們所描述和記載的，學生、教師、家庭和其他人對深度學習的理解是令人印象深刻的，在某些案例中，表現甚至很出色。雖然我們不知道要往哪裡去，但可以滿懷信心地說，當前的教育體系將無法正常運作，且在未來的二十年內無論如何將會改變或消失，而學生將越來越無法容忍無聊或疏離的學校教育。不論我們喜歡與否，數位科技所繫繞的全球動力將迫使大家進行根本性的改革。

本書紀錄這七個正致力於深度學習的國家所發生的事情。因為深度學習在許多方面都源自於現有系統內部的人員，要了解到底發生什麼事非常重要。我們將重點介紹能帶領學校、學區和系統進行變革的實踐方式；了解我們是誰、我們在做什麼，以及為什麼而做。

本書分為三個部分：

第一部：**參與世界改變世界**，透過描繪「為什麼要深度學習？」、「什麼讓深度學習變得更深？」，以及「為什麼深度學習很重要？」，為學習中強而有力的全系統變革定下基調。接著，我們會引入模式，引導學校、學區和系統產生學習變革。

第二部：**生活實驗室**，用來檢視能激勵人心的社會運動，該社會運動正在影響全球成千上萬的學生、教師和家庭。我們會利用 NPDL 的夥伴關係來定義深度學習的概念；確認促進深度學習設計的要素；探討促進學習實踐快速轉變的協作探究歷程；思考深度學習的示例和短文，以說明推動深度學習所需的條件和領導能力；支持深度學習在地方層級、中間層級，和系統／州／國家層級的蓬勃發展。最後，我們會檢視評量和討論深度學習所需的新檢核。

第三部：**不安的未來**，強調我們在深度學習旅程中挖掘到的新發現、確認產出成果的一致性，並探討如何進行變革及其可行性。

深度學習是能持久的寶貴學習經驗。緊隨著 Freire（2000）的想法——這是此書的主要突破——讓學習者（通常與他人一起）能影響這個世界，從而改變她或他自己以及世界本身。「**參與世界改變世界**」根本上是一種學習主張，激發學生，也能激勵教師和父母；這就是未來，這也就是我們倡議的一切。

在處理「卓越與公平」的過程中，我們最終關心的是「改變所有學生的學習」這個問題。在這本書中，我們發現了我們現在所謂的「公平假設」（Fullan & Gallagher, 2017），也就是深度學習對所有人都有益，對那些與傳統學校教育制度最疏離的人尤其管用。處理公平 —— 卓越之間的不良感受是社會生存的核心，而深度學習則在其中扮演重要角色。正如我們所描繪的，深度學習能夠為所有人帶來卓越和公平，從而扭轉世界上日益嚴重的不平等趨勢。這不僅僅是道德問題，也是生存問題，甚至是繁榮問題。

> 處理公平 —— 卓越之間的不良感受是社會生存的核心，而深度學習則在其中扮演重要角色。正如我們所描繪的，深度學習能夠為所有人帶來卓越和公平，從而扭轉世界上日益嚴重的不平等趨勢。這不僅僅是道德問題，也是生存問題，甚至是繁榮問題。

備註：本書為求與原著一致，圖、表排序混用。

第一部
參與世界改變世界

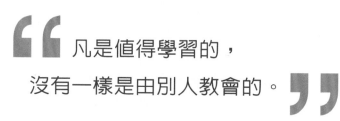

凡是值得學習的，
沒有一樣是由別人教會的。

—OSCAR WILD

第一章

深度學習的需求和吸引力

找不到（學校和世界的）相關性

重大變革通常是推力與拉力間的作用所引起，而後者是兩種力量中較強大的。或許我們可以這樣說，推動變革最大的內部因素，是因為傳統學校教育無法吸引學生學習。Lee Jenkins（2013）是一位研究員，曾經檢視幼稚園到十二年級學生投入學習的比例。和其他人一樣，他發現幼稚園和較低年級約有 95% 的學生投入學習，但隨著年級增長，比例卻大幅下降，到十一年級時僅剩 39% 左右。無論從學生或教師的角度出發的其他研究也有類似的下降趨勢。研究結果還指出，投入學習的學生經常是為了成績而非出於興趣。蓋洛普民意測驗報告（Gallup Poll, 2016）提及，至少有三分之一的學生「非主動參與」學習，例如，十一年級的學生跟學習的連結大大少於五年級的學生。與其說這是批判，不如說這證實了，150 年前建立的學校教育體制已不再適合當今時代的要求。

此外，未來的就業市場不但難以預測，隨著機器人的崛起，現有的工作數量也正在減少，這些因素讓學校教育與時代脫節，成為推動變革的另一股力量。我們這一代為了確保美好的未來而就學（這本身並不是內在動機因素，卻成為動機因素）；與我們相較，現在這世代則想不到可通往理想未來的道路在哪裡。對於那些日益感到絕望的貧困或少數族群學生來說，更是雪上加霜，這是因為他們在一個不相關又冷漠的學校中幾乎沒有歸屬感可言。

我們可以直接說，大多數學生沒有理由認真看待傳統學校教育，他們身邊有許多吸引人的事物，提供學習以外的另一種選擇：毒品、

數位世界、無所事事等，而最簡單的途徑都是那些最無法抵抗和能提供即時舒緩（就算不是即時行樂）的方式。我們最喜歡的變革概念之一是**擺脫……的自由和自由意志**（Fullan，2015）。人類努力擺脫壓抑性的事物——無論是束縛還是無聊，但卻不太擅長處理新發現的自由。事實上證據顯示，人們很容易朝錯誤的方向努力或選錯邊。著名的社會心理學家和心理分析家 Eric Fromm（1941，1969）認為，人類反而覺得純粹的自由令人不舒服且孤獨，所以他們「不是擺脫自由的負擔，成為新的依附者或順從者，就是完全實現正向的自由」。

顯然，要實現自由這一目標並非易事，人們因而傾向留在隔絕的環境，讓自己處於孤立的狀態並惡化，或加入錯誤的群體。在這種情況下，需要特別強大的拉力來吸引人們投入有價值的努力。簡而言之，我們認為深度學習就是這種力量。

> 大多數學生沒有理由認真看待傳統學校教育。

然而，還有其他需要擔心的事情，且情況越來越糟。世界的衝突持續存在，雖然不比歷史上其他時期嚴重，但在這個全球緊密連結的世界中，衝突更為顯而易見，引發的結果也就更加致命和可怕。我們認為大圖像（世界要走向哪？）和小圖像（我適合在哪？）正在聚合，並且產生了共有的認知。近來，由於世界是如此地動盪和透明，焦慮更早開始出現在更多的孩子身上；焦慮持續的時間越來越長，甚至 8 歲以下的年輕世代每天都會感到焦慮，以至於越來越多孩子的大腦因而受損。同時，可取得資訊的管道暴增且即時，有時，沒有任何一個替代方案是合理的：人們無法像鴕鳥一樣逃避，但如何反擊甚至戰鬥仍舊是個謎。本書旨在幫助那些願意朝向可期許但未知的境地旅行的人們：成為一個好的學習者才是終極的自由。

最後，還有一個有害的趨勢正快速發展，那就是城市中有著更嚴重的不平等。Richard Florida（2017）詳實記錄美國的情況，這個趨勢讓更大量的窮人「陷於持續的貧困之中……到 2014 年，有 1,400 萬的美國人生活在極端貧困的社區中，這是有史以來的最高數字，且是西元 2000 年的兩倍」（頁 98）。

在本書中，我們將探討深度學習可如何協助扭轉複製貧困所導致的嚴重影響，並在最後一章將深度學習連結到其他政策性的解決方案。我們的基本觀點是：無論是從社會或人類的角度出發，絕對適合在目前的情況提出一個有力、積極、令人信服的解決方案，而能夠立刻執行的解決方案就是深度學習。我們為何可以這麼說呢？深度學習在此脈絡下又是什麼呢？

深度學習的魅力

我們會在此處詳述深度學習的模式，並在第二章介紹許多示例和描述深度學習的本質。人類要實踐其生命的意義，體現在對目標和熱情懷抱強烈的**認同感**、對值得珍視的工作有**創造力**及**精熟力**，以及與世界和其他人的**連結力**（有關類似列表，請參閱 Mehta & Fine，2015）。關鍵問題不僅僅是個人如何獲得這三重的實踐力？而且要如何讓更多人做到這些事，尤其是我們周圍的人？好消息是，由於相互感染及互助的力量，一群人一起會比自己一個人來得容易得多。當我們在 2014 年啟動深度學習之旅時，覺得這是一個能夠讓人信服的想法，但我們甚至沒有考慮到「是否每一個人都具有發現目標、技能和連結的潛力？」在各種環境中實施深度學習時，我們開始發現，在適當的條件下，沉浸式學習適用於所有人。正是這種領悟讓我們提出了所謂的「公平假設」：**深度學習對所有人都有好處，對那些與學校學習最疏離的學生特別有效。**

> 深度學習對所有人都有好處，對那些與學校學習最疏離的學生特別有效。

讓我們以三個例子闡述（後面的章節中將有更多示例）：一個是從學校輟學的國小男學生；另一名是跟著一個小組研究瑞典永續發展的女學生；第三位是一名男學生，當他發覺課堂學習和生活有關之後，就覺得學校很有挑戰性。這三個案例均由這些學生的教師所提供。

跟學校疏離的學生

Alex，小學生；加拿大，安大略省

　　這個學習經驗是從一年級男學生 Alex 的角度來分享。Alex 九月分時帶著極大的焦慮以及低度自尊來到學校，口吃使他與其他人格格不入。他擔心口吃，也不知道同伴會如何看待他，所以很少參加小組學習任務。他似乎確信沒有人願意聽他說話，他也絕對不願意冒險。

　　十月初，我們班開始與一群具有多元需求的高中學生合作。由於我們不在該所高中附近，大多數協作都是使用 Google 教育應用程式來進行，包括 Google Hangouts、Google Docs 和 Google Slides 等。隨著 Alex 越來越熟悉應用科技以及協作活動的發展，他開始進步了。我認為他非常投入於深度學習過程——與團隊一起解決真實生活中的問題、有機會經由研究為自己的學習做出貢獻，並以新的方式分享他的想法，而這些觀點得到他的同儕以及高中生的認可。冒險和表達自然而然地變成過程的一部分，看著這樣的發展真是美好！而他才一年級而已。

　　到了二年級，Alex 在我們學校董事會上進行報告，說明他的學習經歷。演講中，他說：

> 我對於自己當初寡言的情況仍記憶猶新。我從未想過自己能在公開場合演講！這是怎麼發生的呢？起因就在一年級。

他繼續分享有關深度學習的更多訊息：

> 我對課堂上正在發生的學習感到興奮，我在學習中有了選擇權。我必須學習運用科技，這就是我大腦運作的方式。對我而言最重要的是，學校期待學生協作，而且它每天都在發生。協作對我來說很重要，因為當我與他人分享時，我的想法會變得更多，然後腦容量就會變得更大。

　　現在，Alex 就讀三年級，已經沒有什麼可以阻止他前進了！我們學校以學習社群的方式，聚在一起慶祝數學學習成果並與家長分享最佳的實踐，而 Alex 負責工作坊的 Math Talk 部分。他鼓勵家長們合作、參與並驗證每個人的想法。如果那年九月的早晨我沒有親眼見到這個孩子是多麼焦慮、多麼害怕說話且無法冒險，那麼我絕對不會相信現在我所認識的這個學生跟那個男孩是同一個人。

6Cs 來去瑞典

Mara，中學生；加拿大，渥太華省

Mara 在一所自稱為「6Cs 學校」的中學就讀（6Cs: Character, Citizenship, Collaboration, Communication, Creativity & Critical Thinking，中文分別指稱品格、公民素養、協作、溝通、創造力和批判思考）。身為學校倡議團體的一員，一群 13 歲的學生及其校長、教師，計畫參觀研究瑞典的永續發展。以下摘自於 Mara 的紀錄，她很有創意地提交了一個裝有旅行文件的手提箱作為申請資料，其中包括登機證和她針對即將參訪的十二個景點中的其中一個，所列出值得記錄的清單。她還納入自己的故事，談到 6Cs 的重要性：

> 有些人可能不知道 6Cs 不僅是學校裡寫著 6Cs 的文字和海報而已。無論我們是否意識到，它們都是我們生活方式的一部分。

> 對某些人來說，這些詞（6Cs）可能沒有什麼特別的涵義，但在我們學校，它已高度融合成為學校生活和社區的一部分。我知道我在家裡運用 6Cs 與家人相處，並且以此與周遭世界互動。

> 我希望能夠比較我們學校和瑞典學校的校園生活、與同學和教師一起創造回憶、根據我所學帶回有用的建議來改善我們的社區、或者跟我的瑞典室友介紹 6Cs。

沒有投入學習的學生

Christopher，學生；加拿大，安大略省

在學年開始時，Christopher 並不熱衷學習，感覺他好像總在倒數計時，什麼時候下課、吃午餐和放學。他是我關注的孩子之一，我開始擔心他的心智習性會開始影響他四年級的學業。

在今年的法語沉浸式課程中，我們由一個學生所提出的簡單問題開始：「孩子們可以改變世界嗎？」作為教師，我沒料到這個問題會帶給我們長達一年的深度學習之旅，這個旅程包含了社會創業精神和公民素養的特質。當我們開始談論如何實現改變並真正改變自己的生活時，Christopher 真是欣喜若狂。他的手總是激動地晃動、他的想法真的十分創新。的確，沒有什麼可以阻止他，他的熱情遠遠超越教室的壁壘。（待續）

在蒙特羅銀行一位商務合作夥伴的幫助下，學生們被賦予任務，創建自己的業務，目標是銷售某項產品或服務給社區裡的目標市場（target Market）。在要求學生提出作法時，Christopher 擔任領導的角色，並開始與班上同學積極合作、集思廣益，提出了絕妙的銷售想法，讓我們能為癌症研究募集很多錢。最後，我們舉辦商業提案的龍穴活動（Dragan's Den），要學生用有說服力的方式向全班推銷產品和服務，最後，Christopher 的團隊贏得了行銷比賽！他們的想法是在學區設計並銷售客製化的矽膠手鍊。

除了商業活動外，我們還建立許多不同的學習夥伴關係，這些關係至今還一直激勵著學生。因為 Christopher，我們才得以發掘許多夥伴關係。

Christopher 提到我們應該更深入了解在癌症研究上每一分錢的流向。有了這個主意，學生們決定透過 Google Hangouts 與 Terry Fox 基金會（我們支持的癌症基金會）進行視訊並取得他們的回應。Christopher 的高昂精力和熱情使這項冒險從 2016 年 10 月延續到 2017 年 6 月。在我們開始這趟旅程之後，每天的休息時間，他都要求留下來，從事與該專案相關的任何工作（行銷、傳播、知名度、財務等），他真的全力付出心思和精神在這項工作上。他對學校的態度發生了變化；同時，他這股想要在世界持續創造變革的熱情，激發了更多學生想要自己創業來支持有價值的目標。

我可以真心地說，這個冒險從今年開始就以一種我想像不到的方式打開了 Christopher 的視野，他的努力拓展了許多全球素養。作為一名教育工作者，他想改變真實生活的熱情使我能夠允許學生為自己的學習掌舵並為自己鋪路。當學生對學習有話語權時，他們會用你一開始預想不到的方向來推動正在進行的任何專案。

當然，我們總是可以在其他學校找到如上述案例中，與傑出教師合作的個別學生，但我們的書是關於學校系統中的大多數學生；因為如此，學校、學區、市政當局甚至整個國家的領導者決定在整個教育系統中實施深度學習。深度學習有可能成就所有學生嗎？從我們與成千上萬學生和教育工作者的合作中，我們認為這不僅是可能的，而且對世界的未來極為重要。

　　在大多數情況下，當一個學生或一群學生對學習沒有興趣時，我們會認為他們缺乏能力或不可教也。我們可能會對他們施以補救教學，但最終只是雪上加霜；無聊的學習成為乏味或其他形式的懲罰，並且讓學生跟學習的距離變得更遠。我們的工作開始證明「**每個孩子都是一個隱身的重要角色（hidden figure）**」（根據同名電影的比喻，指的是一群具有特殊數學才能、隱身於幕後的黑人婦女，在拯救 NASA 太空任務和建立航天局的成功未來上，扮演極為重要的角色）。

　　與當今社會疏離的學生和學習的距離最遠，然而，現今所有的學生都需要弄清楚自己在複雜的全球社會中所處的位置。很多這樣的兒童和青少年真的都隱身起來，不是在街頭流浪、被寄養，不然就是被排除在主流社會之外。除此之外，每個學生 —— 無論其優勢為何 —— 都在當今的動盪中感到不知所措。某種程度而言，每個人對自己、對彼此以及對宇宙都是一個謎，教育的作用就是幫助個人解決障礙，破繭而出。

　　初步數據顯示，不論貧富，孩子與世界疏離的軌跡各自不同。讓一個年輕人處在停滯狀態或只進行無關緊要的活動，他會離學習很遠。但若將他們置於深度學習環境中，這些年輕人將隨時準備好改變世界。我們之所以會知道這點，是因為我們一次又一次地見證這樣的事情發生。

深度學習：

- 經由提供學習歷程來增強自我和他人期望能有更多的學習成就。
- 經由個別化和自主權來提升學生對學習的投入。
- 讓學生與「真實生活」連結，這通常更能反映出其所處的現實和文化認同，這對來自其他文化的學生而言，尤其重要。
- 與普羅大眾、世俗或宗教的精神價值（spiritual value）產生共鳴。
- 經由探究以建立技能、知識、自信和自我效能感。
- 讓學習者與其他學習者、家人、社區和教師建立新的關係。
- 深化人們想與他人共善的渴望。

挑戰

　　挑戰是巨大的，但我們提供了一條前進的道路，本質就是：**要不就深度學習，要不一無所獲；或到處遍布（系統思維），或袖手旁觀。**要讓系統有所進展非常困難，但我們只能說，讓系統得以成功的元素正在生成；況且，有鑑於世界上日益嚴重的危機，我們找不出其他可行之道。因為這種種的因素，深度學習在 NPDL 學校慢慢地紮根。一旦教育工作者、學生及其家人體驗到了深度學習的樂趣和學習潛力，他們就會變得更加堅定；隨著與他人的互動，這種堅定就會開始擴散出去。三年來，我們看到七個國家的學校數已經從 500 所增加到 1,200 所。烏拉圭的學校從 100 所增加到 400 所，芬蘭的學校從 100 所增加到 200 所，安大略省三個大區的學校也從 10% 增加到 100%。其他學區或團體擴張的速度則沒有那麼快。因此，我們並不是說只要實施深度學習，學校就能自動變革；有很多力量會使現狀固著，一旦我們開始變革，這些力量就會遏制創新。但歸根結底，

> 一旦教育工作者、學生及其家人體驗到了深度學習的樂趣和學習潛力，他們就會變得更加堅定；隨著與他人的互動，這種堅定就會開始擴散出去。

我們的經驗是，如果關鍵要素到位並獲得培養，深度學習將自然而然地產生動力。

如果所有孩子都能學習，那麼所有教師也都能學習嗎？與學習有關的神經科學有著不可思議且快速的發展，這是否能改變我們所有人——包含那些最弱勢的人？Paulo Freire（1974）得出的結論是否正確？他說人類在轉型時期的終極職志是**參與世界以改變世界**（這是深度學習的基本命題）。既然年輕人不僅不會留戀現狀，而且對「幫助人類」充滿積極熱情，如果從嬰兒時期就與年輕人合作，是否就能釋放翻轉現狀所需的能量？

> 讓深度學習成為往後十年的正向拉力——即便人們要經歷深度學習之後才會意識到這一點，他們其實已經為此做好準備。

我們的目標是使深度學習成為動力。在社會運動中，人們會被新**觀念**所吸引，這些新觀念具有珍貴的價值並預許新的**成果和影響力**。相較於特定的領導者，思想更能激勵人們。讓深度學習成為往後十年的正向拉力——即便人們要經歷深度學習之後才會意識到這一點，他們其實已經為此做好準備。

在接下來的兩章中，我們將建立一些實踐深度學習的基礎知識。

" 傻瓜都知道，
理解是學習的關鍵。**"**

—ALBERT EINSTEIN

第二章

深度學習深哪裡？

重新想像學習

如果我們希望學習者在動盪、複雜的時代裡能夠茁壯成長，能將思維應用於新情境並改變世界，那麼我們就必須重新想像學習：要學習哪些重要知識、如何促進學習、學習在哪裡發生、及如何檢核學習的成功。這意味著我們要創建能夠挑戰、激發、刺激和慶祝學習成果的環境。這種學習過程的新概念便稱為**深度學習**，它必須要成為教育的新目的。

> 如果我們希望學習者在動盪、複雜的時代裡能夠茁壯成長，能將思維應用於新情境並改變世界，那麼我們就必須重新想像學習。

我們問過自己，一個真正讓學生茁壯成長的環境看起來和感覺起來是什麼？最近，荷蘭設計師、建築師和創新家 Daan Roosegaarde 在演講中分享了一些重新想像學習過程的啟發性建議（NPDL 全球深度學習實驗室，2017 年 5 月 1 日，多倫多）。他形容自己是一個想要創造互動和永續環境的改革者，希望新的環境既實用又美觀，讓世界變得更適合人居。他總是以「為什麼」為始。例如，他開始思索為什麼我們在汽車上花那麼多錢，但道路設計卻停留在中世紀？這讓他發明了在白天用太陽能充電並在晚上發光的塗料。接下來，Roosegaarde 將這項技術帶到座落於大型公園中的梵谷博物館。為了增加參觀的互動性，他開設一條用磚砌成的自行車道，利用白天收集的太陽能照亮神奇的道路，用此引導騎乘者穿越黑暗。後來到中國訪問時，Roosegaarde 第一天從酒店看到的景色完全被第二天的煙霧遮蓋住了，他因而感到震驚。因此，他著手製作出世界上最大

的真空吸塵器，該吸塵器從天空中吸走污染物，並經由移除碳顆粒進行清潔。結果，他設計的公園比該市其他地方的清淨度高了 55% 至 75%。Roosegaarde 的團隊後來還壓縮碳來製造「除霾戒指」，對提供城市清潔的空氣有所貢獻。現在，該小組正在研究有相同功能的自行車。他坦承這只是部分解決方案（我們也需要減少排放量），但它說明了，當我們問對問題並消除新思維的障礙，這會發生什麼變化？（請參見 www.studioroosegaarde.net 上更多的示例）

Roosegaarde 直言不諱地說他不適合常規的學校教育，但是一旦他開始遵循天生的好奇心，他的才華和激情就會被釋放出來。他向教育工作者建議，我們應為兒童培養豐富的學習環境。

Roosegaarde 的建議：如何為孩童改善學習環境

1. 創造由**好奇心**驅使的學習，讓「學習者既是未來的滲透者也是塑造者」，這意味著致力於與自己和世界相關的真實問題。
2. 教導學生成為**問題設計師**，這將起始點從「是什麼」的觀點轉變為思考「可能是什麼」的提議。
3. 提出讓學生可以**參與**的問題，而不僅僅是讓他們按照要求去解決問題。提供機會讓他們尋找對不確定事物的解決方案，而不僅僅是解答已被解決的問題。
4. 培養學生成為**終身的業餘愛好者**，學習就是冒險，並且是終身的冒險。
5. 相信孩子會超越我們所有的期望，我們要教他們對未知充滿好奇，而不是懼怕它。
6. 認知創新和創造力早已存在於每個人的基因裡。

最後，Roosegaarde 觀察到，我們追求的目標不是**重新發明自行車，而是尋找新的騎乘方式**。我們不必塑造學習過程，而是找到重新定義它的方法，以便釋放這種自然的學習潛力。好消息是兒童天生就好奇，所以我們只需要挑戰他們就好。我們需要有一種「啟動而後

學習的心態」，珍惜一切發現然後加以精煉，而不只是標示對或錯。我們需要建構能夠欣然接納和欣賞每個人都有不同學習過程的學習環境。我們需要創建一個能夠培養學習毅力和熱情的環境、一個如果不能從犯錯中汲取教訓才是錯的學習環境。我們需要設計情境，以幫助學習者懷抱夢想，然後挑戰他們去採取行動。

2014 年，我們接受一個挑戰，要創建深度學習，讓所有學生都能在複雜的世界中茁壯成長。我們建立全球合作夥伴關係，稱為「**深度學習教學新創（NPDL）**」，在七個國家擁有 1,200 多所學校合作夥伴。這個生活實驗室致力於找出可轉化學習過程的實作和條件，以使每個學生都能發展基本技能和全球素養。早期證據顯示，學生能成為影響自身學習的變革推動者，也成為社會變革的催化劑。這種教學新創正在改變所有學習夥伴的角色——包括學生、教育工作者和家庭。

因此，讓我們看看課堂、學校和教育系統中發生了什麼事，它們是社會運動的一部分。駐足在深度學習的課堂，你會看到富有好奇心且被鼓勵**發問**的學生；他們互相提問，也請教教師、家庭以及社區或全球專家。當學生努力解決問題或探究想法時，之間常有對話討論，以便更加理解自己的世界。每個人如此高度專注，以致於可能不會注意到你。如果你仔細聆聽，就會發現學生能夠清楚說明他們在做什麼以及為什麼這麼做。他們能夠描述正在學習的技能，以及還需要什麼才能讓自己變得更好。他們非常投入於任務，而忘了時間；他們的想像力和興趣備受激發，也經常在家或週末時工作。能夠向同學或社區成員描述他們的工作讓他們感到自豪，因為這是有意義的、真實且有關聯的。這些會帶來改變。

在**深度學習**紮根的學校裡，我們在成年人身上看到了類似的行為。從這個課堂走到另一個課堂，你會看到教師四處走動、與個人和小組互動、提出問題、協助取得資源並提供即時回饋。教師們在學習設計以及評估成長方面互相合作。學校處處可見共享的教學實踐、共

同語言和共有期望。學校會議通常著重於討論學生的學習狀況以及如何使用工具和學習歷程來加速或擴大學習，而不是著重討論問題學生。學校領導者經常出現在教室裡，並與教師小組討論如何使學習更好。後勤及行政管理議題不會消失，但往往是透過數位和其他流程來處理，以便省下寶貴時間作面對面的學習。這些學校歡迎家長成為合作夥伴，發揮積極作用。學校與家長的會議更聚焦於分享學生的進步和學習的證據。

最後，在深度學習能快速推動的地區，我們看到系統扮演關鍵的角色。儘管課堂和學校能夠自行創新並營造深度學習的避風港，但它們卻很脆弱。只要人事更迭、受到鼓舞的領導層離開，學校就會回復原狀。反之，在深度學習最為深入的地方，我們看到系統發揮了策略作用，它可能是市政當局、學區、校群或網絡。你參觀其中任何一個校群，都會感受到共同語言和期望，他們在持續不斷的對話中形塑深度學習的樣貌，以及如何獲得更多的深度學習，這讓大家逐漸有了共識。教師和領導者的實踐很透明開放，並願意分享專業知識、工具和資源。他們的作品受到讚譽，績效責任不是執迷於外部評鑑，而是來自於獲取並分享學生學習的證據。

> 在深度學習能快速推動的地區，我們看到系統扮演關鍵的角色。

我們看到這種新型態的學習在全球露出曙光，它重新定位學生、家庭、教育者、決策者以及整個社會之間的學習關係，並關注一套新的成果。那麼，為什麼這種充滿活力的參與式學習沒有在所有課堂、學校和系統中自發地紮根？儘管這些例子讓我們對新的學習方式有感，但我們必須更加謹慎小心地去傳播它。如果想要把深度學習發揚光大，就需要更精確地了解**深度學習**的涵義。

什麼是深度學習？

　　NPDL 合作夥伴國家將不斷變化的全球動態、連結性和社會變革納入考量。他們意識到，學生在面對一個更具挑戰性的世界的同時，以內容爲導向的套裝知識與成績已經行不通了。換句話說，經濟合作暨發展組織（OECD）教育和技能部部長 Andreas Schleicher（2016）認爲，畢業生所面臨的新動態將會是──他們工作的酬勞不是來自他們的所知，而是取決於他們所能做的。這項社會運動拋棄了套裝知識，轉向如創業精神、創造力和解決問題的技能等；因此，我們需要一組新的素養讓人們能夠在這個加速變化的世界裡茁壯發展。

　　教師、領導者和決策制定者們花了很長時間討論，有哪些重要且獨特的要件是學生應該知道、能夠做到、更重要的是，身爲公民應有的表現。我們確認了六個全球素養，描述學習者成爲世界公民所需的技能和特質。按照我們的定義，**習得六個全球素養的過程就是深度學習：品格、公民素養、協作、溝通、創造力和批判思考。**這些素養包括惻隱之心、同理心、社會情感學習、創業精神以及能在複雜的宇宙良好運作所需的相關技能等。

> 習得六個全球素養的過程就是深度學習：品格、公民素養、協作、溝通、創造力和批判思考。

　　爲這六個素養命名只是明瞭深度學習的一小步而已，這無法幫助教育工作者、學生或家庭對其涵義達成共同的理解深度。每個素養項下都有好幾個向度，而我們的目標是讓教育工作者對經常產生混淆的一組概念變得清晰。舉例來說，批判思考可能是 6Cs 裡最快被指出來的素養，但若問十位教師：「具備批判思考的人是怎樣的？」，你會得到各式各樣的答案。如果再問他們如何評估批判思考的深度，回應變得更加模糊。因此，我們得爲每種素養發展一組定義，如圖 2.1 所示。

圖 2.1 定義深度學習中的六個全球素養

品格

- 學會如何學習
- 具備勇氣、堅持、毅力、和修復力
- 能夠自律、負責和表現正直行為

公民素養

- 具備全球公民思維
- 基於對多元價值及世界觀的深刻理解來考慮全球性議題
- 對於影響人類及環境永續，模稜兩可且複雜的問題解決抱持真誠的志趣和能力
- 惻隱之心、同理和關心他人

協作

- 團隊以相互依存的方式進行工作
- 具備人際關係及與團隊合作的技能
- 具備社交、情緒及跨文化的技能
- 管理團體動能和因應挑戰
- 向他人學習並為他人的學習有所貢獻

溝通

- 用不同風格、模式和工具（包括數位工具）有效溝通
- 溝通的設計有考量到不同的受眾
- 利用溝通學習過程進行反思來改善溝通

創造力

- 對於經濟及社會機會具備「創業眼光」
- 提出優質的探究性問題
- 探究和尋求新穎的想法和解決方式
- 能將想法化為行動的領導能力

批判思考

- 能評估資訊和論點
- 能產生連結且辨認不同模式
- 解決問題
- 能生成有意義的知識建構
- 能在真實生活中對想法進行實驗、反思並採取行動

來源：Copyright © 2014 by New Pedagogies for Deep Learning™（NPDL）

這種更好的明確性會開啓共同的語言，表達素養在實務操作時的樣態，教師、學生、家庭和領導者開始分享他們的想法和觀點。我們發現，雖然精確的定義有助於引導討論，但仍不足以衡量素養的發展或有助於區分學習任務，這促使我們開發出一種方法，定義每個素養的發展途徑和評估其進展，我們稱之爲**學習進程**。

有人問，何以在「技能」和「能力」這樣的詞彙更加普遍且廣泛理解之際，卻選擇使用「**素養**」一詞？我們用素養來表達一組多層的能力，這些能力結合有關自我和他人的知識、技能和態度。OECD最近一份報告「在包羅萬象的世界中應具備的全球素養」（Global competence in inclusive world）（2016）強化素養的使用，並提出以下觀點：

> 全球素養包含能對全球和跨文化的議題習得深度的知識和理解；有能力跟不同背景的人學習和生活；以及與他人有禮的互動時應有的態度和價值觀（頁 1）。

乍看之下，我們的素養可能與其他 21 世紀的學習素養清單相似（最常見的是**協作、批判思考、溝通和創造力**），但只是命名素養，這無法產生多大影響。教育工作者、網絡和各式委員會描繪 21 世紀的素養已經至少有二十年之久，但幾乎無法落實或找到有效的方法來評估素養。此外，他們很少關注**如何進行**、很少嘗試大規模實施、也幾乎沒有證據顯示學習與教學的實務上發生了重大的具體變化。

我們的全球素養，或我們經常提到的 6Cs，在三個關鍵方面與其他 21 世紀清單有所不同：全面性、精確度和可檢核性。

全球素養（6Cs）的特徵

全面性：除了溝通、協作、創造力和批判思考外，還增加了品格和公民素養。事實證明，這兩種素養可以扭轉局勢，讓學生能夠專注於複雜的問題、對自己的學

> 當我們運用這些素養，處理對學生和世界來說有其價值的議題和任務，這時深度學習就會發生。

習負責、關注世界並做出貢獻。回想一下之前的例子，在這些示例中，學生運用所有 6Cs——將工作重點放在幫助本地居民和全球人類，培養勇氣和堅毅的品格並主導自己的學習。

品格和公民素養是最根本的特質，賦予創造力、協作、批判思考和溝通生命力。最後，經由深入所有 6Cs 的行動，創造力——在最初四個中表現較差的素養，有了新生命，為長期固著的問題提供新穎的解決方案。

精確度：要讓深度學習可行，意味著要為每種素養創造一套更穩固的特有屬性及技能，且建立檢核其發展的方式。每種素養都有其**深度學習進程**，分成五到六個向度，這些向度提供發展素養所需的技能和態度。表 2.2 為協作深度學習進程的示例，完整的學習進程則如表 9.1 所示。這些進程在教師設計深度學習經驗時，不僅可以作為專業對話的基礎，還可以在學習過程中作為監控和評估的系統。

可檢核性：學生和教師使用深度學習進程來評估學習的起始點、對於每種素養的成功表現指標發展共同語言、促進素養的發展、監控進度，並且檢核學習者在某一段時間內的進程發展。

要能準確定義素養及完備深度學習進程在以下兩個方面至關重要。首先，學生、教師和家庭在設計及評估學習時，它們提供共同的語言，這會帶出更廣泛的協同設計和共同評估成果。其次，這些進程是大量討論的基礎，這些討論會更加提升設計、監控和檢核學習的準確性和目的性。我們正致力於將 6Cs 的檢核作為深度學習的成果，讓學生將這些成果帶入中學後的生活。

當教師開始使用共同語言和 6Cs，他們注意到具有某些特質的學習經驗最能培養出這些素養（請參見頁 22 頂部的方框）。

當我們運用這些素養，處理對學生和世界來說有其價值的議題和任務，這時深度學習就會發生。我們越來越常發現深度學習對所有人來說都極為重要，但對弱勢學生以及傳統教育照顧不及的學生而言，這尤其是個轉捩點。

表 2.2　協作深度學習進程

團隊以相互依存和協力共進方式進行工作，具有高度的人際關係和團隊合作技能，包括有效管理團隊動能與挑戰、共同做出實質決策、促成他人學習並影響他人。

向度	證據有限	萌芽	發展	加速	精熟
團隊以相互依存的方式進行工作	學習者個別進行學習任務，或非正式地兩人一組或小組進行合作，但稱不上團隊合作。學習者或許能一起討論一些議題或內容，但跳過過一兩個成員做出最重要的實質性決策（例如，這對如何管理流程），這對成效產生重大不利的影響。	學習者兩人一組或分組完成工作，並負責完成工作任務，以便團隊完成工作。學習者開始一起做出一些決定，但可能仍然由一兩個成員做出最重要的實質性的貢獻，小組成員的貢獻程度不一致。	學習者一起決定任務的分配以符合團隊成員個人優勢和專長，一起有效地工作。學習者讓所有成員參與重要議題、問題或過程的決策過程，並發展團隊解決方案。	學習者可以清楚說明與如何同儕一起工作時，如何善用每個人的優勢進行實質性的決策、並發展想法和解答。團隊能相互貢獻想法與/或創造方案。	學習者展現出高度效能，充分利用每位成員的優勢，並提供彼此機會來相互增效。團隊成員的優勢和觀點都得到融合，進而達成對所有人都有利的最佳決策。
具備人際關係及團隊與團隊合作的技能	學習者在執行任務時，可能會相互幫忙，完成共同成果或連結；但尚未明顯展露展人際關係或團隊合作技能。學習者並未展現出真正的同理心或合作的共同目的。	學習者表現出對團隊工作的共同責任，開始展現出一些人際關係和團隊合作技能。學習者關注於完成共同成果、產品、設計、成果或決策。關鍵決策可能由一個或兩個成員決定或主導。	學習者展現出高度的人際關係技巧、對工作的共同責任、並主動積極分擔責任。自始至終、團隊成員皆可有效地傾聽、溝通協商、目對工作的目標、內容、進度、設計和結論能達成一致的看法。	學習者可以清楚說出團隊工作、作品或成果產出的共同責任。學習者在聆聽、進與有效團隊合作上展現出高度的技巧、能確保所有成員的意見都受到重視、且反映在團隊工作及其成果。	學習者積極承擔責任，以確保協作過程發揮最佳效果。學習者確保每個人的想法和專業知識能被發揮至極致、同時每項工作的成品或成果都具有最佳品質或價值。

來源：McEachen, J., & Quinn, J. Collaboration Deep Learning Progression. Copyright © 2014 by New Pedagogies for Deep Learning™ (NPDL)

為什麼「深度學習」重要？

正如前面提到的，當我們看到無論是來自優勢或弱勢背景的學生都得以成長茁壯時，深度學習開始浮現一個主題：平等與卓越相互依存，相得益彰！我們得出的結論是，這兩種現象是相互交織的，只有同時兼顧公平和卓越才能獲得福祉。如果學生與世界嚴重地脫節，那他們還有很長遠的路要走；世界變得如此複雜，大多數的學生將需要他人的協助才能找到自己在世界上的定位。

福祉

當我們看到，無論是來自優勢或弱勢背景的學生都得以成長茁壯時，深度學習開始浮現一個主題：**平等與卓越相互依存，相得益彰！**

福祉在不同國家和 OECD 之類的組織獲得全球的關注，這些組織認為，學生要能茁壯成長，所需的不僅僅是學術發展而已。安大略省教育局將福祉定義為「在我們滿足認知、情感、社會和身體的需求時，所感受到正向的自我、心靈和歸屬感；支持學生的福祉也表現在公平對待與尊重其多元身分認同及優勢。」（2016，頁 3）學校階段的福祉是要幫助兒童及學生具備修復力，讓他們可以做出積極有益的選擇，以支持現在及未來的

學習和成就。安大略省促進福祉的方法包含四個發展面向：認知、身體、社會和情感，其中又以自我及心靈為核心。（見圖 2.3）

圖 2.3　福祉的四個發展面向

來源：Ontario Ministry of Education. (2016).Ontario's Well-Being Strategy for Education. Ontario, Canada: Author.Retrieved from http://www.edu.gov.on.ca/eng/about/WBDiscussionDocument.pdf. © Queen's Printer for Ontario, 2016. Reproduced with permission.

深度學習工作和六個全球素養立基於神經科學，並涉及這四個面向。安大略省的教育政策顧問之一，兒童精神病醫生 Jean Clinton 博士，最近埋首於深度學習工作以及弱勢學生如何處理生活相關問題的案例。她作出驚人的觀察：「專注於 6Cs 可以避免並能對抗社會和情感的障礙，從而建立正面的心理健康和修復力。專注於 6Cs 可以為來自弱勢背景的孩子創造一個公平的競爭環境」（"Connection Through," June, 2017）。

> Jean Clinton 博士：專注於 6Cs 可以避免並對抗社會和情感的障礙，從而建立正面的心理健康和修復力。專注於 6Cs 可以為來自弱勢背景的孩子創造一個公平的競爭環境。

Clinton（2013）提到跟大腦發育密切相關的面向。大腦發展始於嬰兒期，當孩子被抱起並得到慰藉時，它同時接收到安全感和歸屬感

的訊息。這些訊息會改變神經元並創造新的神經通路，使孩子能夠應對以後的生活壓力。這培養孩子建立關係、管理及自我調節情緒的能力。假如要孩子們能適切地管理及表達情感，他們需要能夠共同管理的成年人和同儕，這些人還能讓他們知道界限在哪裡。如果孩童在早期因故沒有獲得這些訊息，那麼創造具有歸屬感的教室就顯得益加重要。Clinton 認為學校代表了一個巨大的隱形教室，教師、學生和其他人不斷傳遞影響福祉的訊息 —— 其中許多關於歸屬感和連結性的訊息都是用非語言的方式來表達。

另一個跟深度學習有關的大腦發展面向是：大腦終身都具有成長和變化的非凡能力。可塑性是生長新神經通路的能力，於出生至 6 歲時變化劇烈，容易對認知和情感等各種刺激產生反應。第二次大規模變化則發生在青春期，此時神經通路去蕪存菁，以增進生活效率和習慣。

這對於教育工作者的重要啟示是，大腦的發展會受到社會情感條件的影響，也會有來自選擇和真實學習的認知刺激。

> 我認為一個專注於 6Cs 的課堂，能夠為教師和學生之間、學生和學生之間、尤其是學生與學習空間之間，建立緊密的關係與安全感。舉例來說，要創造出一個彼此協作的空間和態度，教師就必須示範對小組間的差異性展現同理心和惻隱之心。要聚焦在溝通之上，就需要學生和教師真正聆聽對方，並提出諸如「請告訴我，你的意思是……」而不是「用你的話來說……」之類的問題。這代表教師相信每個孩子的素養和能力，相信每個孩子都可以學習。（Clinton, 2017, personal communication）

在認知和情感發展相互連結的環境中，孩子能有最好的學習；所以我們必須同時注意語言、思考和情感。對那些來到學校但沒有受益於這種連結和刺激的學生來說，這樣的環境更能夠為他們實現公平。

公平假設

有些學生每天來學校但並沒有準備要學習，這種劣勢可能源自於世襲的貧困、生活在作爲難民的恐懼中、無家可歸、被忽視或缺乏刺激。幾十年來，公平一直是政策制定者關注的焦點，但它通常只處理教育機會均等的議題或者提出「迎頭趕上」補救方案，這些反而降低學生的成就期望；而抽離補救方案更加劇學生與同儕的疏離。

舉例來說，貧困兒童上幼稚園時詞彙量只有 300 個，而其他較具優勢的兒童則知道並能使用 1,200 個或更多的單詞。前者不僅溝通能力受限，可能也無法了解別人的要求指令——因爲不懂什麼是背包或不知道儲物間是什麼意思。這個指令他們可能會忽略「請把背包放到你的小儲物間」，教師的態度和心智習性至關重要：要建立連結或是糾正錯誤？他們是否將此視爲建立溝通的機會或將其視爲蔑視或漠不關心？我們相信，教師以歸屬感、目的性和期望所建立的關係，可用 6Cs 的透鏡來加以強化，以發展學生的認知（請參閱第五章和第六章）。

「過時的」觀念主張，在學校學習有困難的學生必須等到可以掌握識字和計算能力才可以繼續前進。在深度學習研究中，這個過時的觀念被有效的方案所取代，這些方案可增強基本的識字和計算能力，同時吸引學生深入參與眞實的任務，且提供有意義的方法來學習關鍵的讀寫技能，我們稱之爲公平**假設**。各種新興證據顯示，深度學習對所有人來說都是必要的，對那些在傳統學校感到疏離和服務不足的人則可能更爲有利。確實，我們要強烈主張**用卓越來解決不公平**，這就是深度學習（做一些具有個人和集體意義的深入學習）。這條推文將會是「別蠢了，聰明起來吧！」

簡而言之，深度學習致力於吸引那些與學校脫節的弱勢群體，最後成爲一股力量，翻轉集中且世襲的貧困，以及種族歧視等負面的影響。Noguera、Darling-Hammond 和 Friedlaender（2015）指出，讓低

收入和少數民族學生參與深度學習的學校「具有更好的學術成果、更高的出席率和學生行為，及更低的輟學率。與那些為類似學生服務的學校相比，這些學生在大學的出席率和毅力更好」（頁8）。美國研究機構（American Institute for Research, AIR, 2014）針對19所中學進行相關的教師實踐、支持架構和學生成績研究，顯示出類似的結果：即在致力於深度學習的學校裡，學生表現更好、他們更有可能讀完高中、上大學、在成就測驗中得分更高、在解決問題的評估上做得更好，並且在敬業度、積極性和自我效能感的評價更高（Heller & Wolfe, 2015; Huberman, Bitter, Anthony, & O'Day, 2014; Zeisr, Taylor, Rickles, Garet & Segeritz, 2014）。這些案例的問題在於，到目前為止，成功的規模很小且是正常情況下的例外。我們的目標是使深度學習成為整個教育系統的特色。

反偏見政策是不可少的，但不足以解決我們的公平和卓越假設。除了直接消除偏見並積極教導社會多樣性的價值外，還必須有策略讓所有學生成為茁壯的學習者。減少不公平本身並不會增加福祉或提高學習成果，正如安大略原住民領袖所說：在我們的文化中，我們相信每個孩子都有與生俱來的才賦……我們的學校要如何發現和發展孩子們的天賦？（Ontario Minstry of Education, 2014a）。深度學習的重點是讓所有學生具備六個全球素養，同時創造學習條件，讓他們茁壯成長。我們認為，要透過深度學習實現公平和卓越，才能邁向福祉的大道。在接下來的章節中，將重點介紹許多例子。

一切與文化重塑有關

深度學習經驗正在我們的 NPDL 世界中爆發並向外擴散。來自國家、州、省、學區和學校的決策者和教育人員對深度學習的興趣也在不斷增加。越來越多的教育工作者對我們說：「我們認同深度學習的必要性，但我們如何促成大規模的發展呢？」我們面臨的挑戰不只

在於「如何讓深度學習在單一課堂或學校中發生？」因
為我們每天都會在社交媒體網站上看到創新的教師和學
校。真正的難題是，**如何讓學校中的所有教室、地區或
市政當局中的所有學校以及整個州、省或國家都做到這
一點**？個人可以抵制系統；顛覆系統則需要團隊。

> 個人可以抵制系統；顛覆系統則需要團隊。

因此，如果人們希望獲得不同的結果，教育應該從哪裡開始？這
確實是先有雞或先有蛋的難題。一些支持變革者認為，學校已經過時，
因此我們必須拆除現有的系統，讓學生自由設計自己的學習方式，解
除所有的限制。這存在著一種潛在的變革理論，即如果我們沒有建築
物、沒有學區、沒有學科、沒有評量，那麼學生將可以自由地深入學
習。日益多樣化及可運用的數位世界確實使這種學習成為可能，但是
我們無法相信所有學生都會利用這個機會，或者這就能夠解決系統性
的不平等。

與「拆除系統」立場截然相反的是繼續修補並進行逐步改進——
最近的一個政策就是新的學習標準和檢核。美國就是一例，其引入〈州
共同核心標準〉（the common core state standard）（其本身存在許多
問題）以及國會通過〈每個學生成功法案〉（Every Student Succeeds
Act, ESSA），這些努力反映出變革理論，那就是重新描述學習成果
和評量就可以讓教師創造新技能，並釋放學生的潛力和促進參與度。
儘管這兩項政策朝向潛在變革邁出一步，但它們仍無法提供發展的機
制。問題在於，描述和檢核成果的「內容」並不能改變教師和領導者
的技能和知識，也不能促進新學習形式的生成並產生新的成果。當前
的作法欠缺的其實是一種強而有力的策略，好能夠懂得「如何」來進
行改善。

那麼從何著手呢？我們先從改變所有結構和規則開始？還是從
調整現狀開始？專注於改變結構可能會分散注意力和浪費時間，若以
為打掉學校建築或以學生主導學習來取代教師角色，就可帶來大規模
的改變，這些都是不切實際的想法。任何一位因入學率下降而需要關

閉學校的督學都可以證明，一旦社區感覺到有某些東西（甚至是過時的建築）被剝奪時，他們會有情緒性的表達，甚至是非理性的抵抗。建築物、大學錄取率、教師準備、課程、技術、時間和檢核方式的變更都將有助於啟動深度學習，但是把等待它們改變作為往前邁進的前提，將會是徒勞無功的。如果系統僅將精力放在結構的改變上，那麼它們就沒有更多的專業知識來培養深度學習經驗。另一方面，改善現狀也許可解決系統的某些部分，但極少考慮到系統的整體。結果是，零碎的改善加總起來絕對不等於全系統變革。

我們主張，將**學習歷程**置於變革的核心才是更有效的方法。推動共同關注學習歷程會改變關係並發展新的教學實踐，接著才會讓結構產生改變。至關重要的是，我們要認知到，將重點轉移到學習歷程上代表著眼於**文化的變革**。後者不僅改變學生、教師和家庭之間的關係，且能從根本改變教師之間以及教師和行政人員間的關係。任何值得做的改變都需要專注的協作！我們以前見證過，當地區落實**學習社群**時，整個系統就會發生變革。那些還沒體驗過有意義協作的人，往往忙著建立專屬的（共備／討論）時間，執著於行事曆，反而忽略了影響學生學習所需的目的、信任或關係及重點。一開始就能使用任何零碎時間來共同改善學習的學校和地區將會得到好處，而後再善加利用結構為需要做的事創造條件。

結語

在此處的變革啟示是，我們不僅僅是改變表面或結構而已，需要改變的是**學習的文化**。

在此處的變革啟示是，我們不僅僅是改變表面或結構而已，需要改變的是**學習的文化**，而這無法經由政策或命令來完成；唯有在我們致力於推動新的學習歷程時，變革才會發生。一旦對於本章前面所述的學習成果或素養有了共識，我們就需要提供豐富的機會

來進行協作、建立新的學習關係並從工作中學習。再多的計畫都比不上邊做邊學的共同經驗，因為它可以建立變革的能力和自主權。簡而言之，**我們從實際行動學到的比思考行動來得多**；因此，如果我們要深度學習，就需要開始行動。

如此一來，變革領導力——來自各個方面的領導，就變得至關重要。現在，我們將接著討論能領導文化重塑的架構以及學習的轉型。

“我不在乎複雜性的這一端
（只是純粹為了簡化），
但對複雜性的另一端
（為了更多的用途而精簡），
則願意獻出生命。**”**

—OLIVER WENDELL HOLMES JR.

第三章

轉型領導

為全系統變革創造密合連貫性

當我們沉浸在深度學習工作時，可以確定三件事。第一，深度學習的力量已被釋放，它不但真實存在，且很快地變得越來越顯而易見。第二，系統轉型的**領導力**將來自各方，學生和教師越來越有可能成為變革推手。第三，轉型的本質仍是模稜兩可，即便有完備的領導力，還是可能時有挫折、時而明朗、時有突破。請準備好踏上未知的旅程。什麼都不作意味著我們會在這股不可避免的改革力量中成為小卒，而這股改革的力量正以更複雜、更快的速度在社會上發生。

該是有個更強大、更深入的變革理論來改變整個系統的時候了，現在有一個促進整個系統文化發展和創新的策略逐漸浮現，它催生參與者的生態系統、建構能力並推動一致的行動。本章將探討一個架構，用來發展一致性的全系統變革，然後聚焦於如何將全系統變革應用至深度學習上。

在我們近期出版的《密合連貫性：啟動學校、學區和整體系統的驅動力》（Coherence: The Right Drivers in Action for Schools, Districts, and Systems）（Fullan & Quinn, 2016）一書中，我們挑戰如何因應快速轉型的全系統變革。我們與數千名系統內不同層級的教育工作者合作，發展出此架構；這些想法再透過理論和實踐相互驗證、應運而生。全球對於一致性有直覺性的共鳴，它被當成是策略，以因應組織內的問題，包括強制命令、組織孤立、過重負荷、片斷資訊，以及決

策者和領導者長期面對的組織擾動等。一致性提供一個靈活、有機的架構，幫助領導者整合和擬定全系統變革的策略，並提供實現深度學習的途徑。

　　我們對一致性的定義是：**對於工作本質有共同的深度理解**。此定義有兩個重要元素，第一，一致性是完全主觀的，因此，不能靠領導者甚或策略規劃者說明，而是必須透過共同經驗來發展。第二，一致性存在於人們的腦海中，因此必須透過小組間有目的性地互動、發展共同程序、確定和鞏固可行的方法，並用逐步建構意義的方式來使其成形。受到人事更迭、情境變化和新想法浮現的影響，一致性的形成是累積且持續發展的。落實一致性者致力於消除干擾因素、促成共同行動來處理日常的問題，同時創新突破。一致性有三個基本特徵：一、它關注全系統變革，即全部的學校或學區；二、它全然專注於教學法或學習歷程；三、它會持續考量能夠檢核所有學生學習的影響因素。

> 我們對一致性的定義是：對於工作本質有共同的深度理解。

　　我們在本章的開頭引用了一段話，意思是我們必須在複雜的問題裡尋求簡約：**簡約的複雜性**（Simplexity）這個概念改編自 Jeff Kluger（2009）的想法。我們的問題是：如何在一個動態的系統中取得更大的一致性。藉由與整個教育系統（州、省、國家）的實務工作者合作，我們開發出**一致性架構**（如圖 3.1），此架構包含四個重要元素，可應用至深度學習的歷程。區分這四個區塊很簡單，但如何讓它們發揮系統綜效則是複雜的工作。

　　一致性架構並非線性的，這四個元素共生共存，如同我們心臟的四個心室——各司其職，缺一不可。在一致性架構中，領導力宛如一股力量，將血液打到最需要它的地方，而領導者肩負激發者、連結者和整合者的角色。

圖 3.1   一致性架構

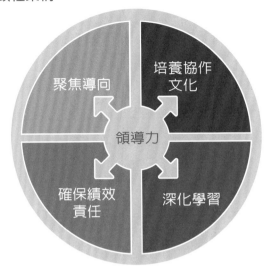

來源：Fullan, M, Quinn, J. (2016). Coherence: The Right Drivers in Action for Schools, Districts, and Systems. Thousand Oaks, CA: Corwin.

聚焦導向

聚焦導向涉及所有孩童學習的道德目的，著重於孩童的整體發展，無論學生的背景或生活條件為何，將整體納入考量。聚焦導向始於建立共同的意義和集體目標，發展能實現目標的特定策略及最能動員人群的變革領導力。如果組織內部手奪何者需優先處理或缺乏精確策略可能會分散注意力，導致組織的混亂或惰性，進而威脅到聚焦導向。人們一開始可能無法被策略說服、缺乏技能，或害怕失敗，這時領導者就必須「以學習者的身分參與」，並幫助成員找到通往進步的道路。這意味著設定具發展方向的願景——確認共同目的和能引導初期工作的策略，而不是浪費過多的時間空想，缺乏行動的願景。聚焦導向應被理解成是正要踏上深度學習的旅程，這樣的變革流程是可行的，因為一旦開始將願景付諸行動，特別是大家一起協作，願景才會更加清晰。領導者因此需要利用第二個元素——建立協作文化，以達成有目的性的行動。

培養協作文化

　　培養協作文化與聚焦導向相互搭配，以發展不帶價值判斷的成長文化，進而促進變革的能力和進程。團隊若能從錯誤中學習，這種允許犯錯的工作環境可以刺激團隊創新。協作不僅可以孕育協作文化，也可促進專業，好使每個人都能專注於共同的目的。當領導者使用團隊來改變團隊時，這種專業便是一種強大的變革策略。領導者創造易於合作的環境條件，成員們便可從具體問題和實作中相互學習。聚焦導向和協作文化為深化學習導入清晰度、目的性和方法，但除非每個要素都指向深化學習，否則變革將僅止於表層。有效的領導者要像學習者一般，與他人共同參與，那麼就有機會透過集體努力來推動組織向前邁進。

深化學習

　　深化學習認定，能有效運作的學校和系統必然會持續專注於教與學的歷程，且會關注三個關鍵面向。首先，他們建立明確的學習目標，如此教育工作者、家庭和學生對學習型態和學習者自身才會有共同的理解，其中有些人專注讓基礎讀寫能力到位，有些人則專注於利用數位來加速深度學習。第二，深化學習便是在教學實踐中建立精確度。當教育工作者組成共同探究社群來培養協作專業，精確度也會隨之發展；他們會確認新的學習能力，並在新的教學實踐中建立精確度。第三，學校和系統要創造條件和歷程，讓教師和領導者得以學會使用創新作法，從效率較低的方法轉變為效率較高的方法。無論重點是縮小差距、提高基礎素養，還是追求深度學習，這些都是教師和領導者需要的關鍵專業知識。

確保績效責任

　　一致性架構的第四個元素強調，要先建立內部績效責任，才能處理外部績效責任——即從內而外評估進程的能力。當團隊能為自我

和全體的績效負起責任，並參與外部績效責任系統，就會產生內部績效責任。有利於內部績效責任的條件包括：目標的明確性、實施和成果的透明度、行動的精確度（不可與處方箋模式的行動混淆）、不帶價值判斷、致力於評估影響力、根據證據而採取行動予以改善結果，以及參與外部績效責任系統。如果能致力於一致性架構的前三個元素——聚焦導向、培養協作文化、深化學習，便可完成內部績效責任的設定，進而使組織足以應對外部績效責任系統。

當學校、學區和整個系統想要處理一致性問題時，他們自然便想深入了解如何深化學習。**一致性架構**提供一個總體框架，透過全系統變革的透鏡來檢視創新。在發展一致性和深度學習的同時，促成並推進深度學習的全系統方法也得以詳盡地開展。雖然尚未有任何州、省或國家用全系統的方式推動深度學習，我們仍看到一線希望。

接下來，我們會仔細審視，如何用一系列加速和強化深化學習的工具和歷程，將**深化學習**的元素擴充成一個架構。接著，我們會探討 NPDL 的夥伴關係如何應用一致性架構的四個元素來形成社會運動，以促成全球的深度學習。

讓深度學習一致

要大規模改變傳統學校教育的現狀並不是一件容易的事，因為它涉及到系統的各個層面；此外，大環境不斷動盪，改變也未曾稍歇。變革必須是一個持續的過程，且這種變革在宏觀層面（整個系統或社會）及微觀層面（個人和地方）都一定會發生。微觀層面意謂重新定義學習成果、促進新的領導力、創造新的環境和夥伴關係、發展設計和評估深度學習的新能力，以及檢核和說明進步的新方法。有鑑於此複雜性，我們要如何將教育從分類和篩選的傳統學校教育模式轉變為能幫助所有年輕人成長並發展全球競爭力的教育模式？

NPDL 全球合作夥伴正在應對這一挑戰——透過建構能深化學習的教學實踐，同時發展能深度改變整體系統的條件，將零碎的創新帶往全面的轉型。合作夥伴成員的加入是因為對發展深度學習感興趣，並渴望在此過程中互相學習。這項工作關乎一般學校系統如何改變一個學區的文化，以及這個地區的學校如何幫助所有的孩子深化學習；其充分利用我們對於學習和全系統變革的知識，讓每所學校、每間教室都可經歷改變學習的過程。過去四年，我們一直在深入研究何種方法會促進抑或妨礙系統、學校和教室內的深度學習。我們在與每個人互動的過程中，從學生到決策者，學到許多關於轉型和影響實踐改變的方式。

我們不是只單單介紹NPDL的創新作法，就建議要擴大它的規模；我們的目標是要找出成功的作法和準則。這些關於 NPDL 的共同線索能進一步告訴我們該採取什麼方式才能改變所有人的學習，並成為未來實踐的養分，這些都涵蓋在**深度學習架構**裡。

深度學習的架構

我們開發**深度學習架構**，詳細說明變革提案如何促成預期的結果、所設定的結構與過程如何確保所有層級具備創造變革的能力、以及所擬定的變革措施如何對學習者產生影響。

從傳統學習到深度學習的巨大轉變需要一個模組——可以引導而非限制發展、全面但不累贅。我們與合作夥伴一起催化一個社會運動，讓數十間學校、地區和系統能夠沈浸於發展深度學習的文化。

光是推動還不足以說明一切，因為改變並非全都是好的。我們有一位同事 Viviane Robinson 是紐西蘭學校改進專家；我們特別喜歡她，因為她拒絕接受含糊的主張，對變革明確的設計和解釋有所堅持。她最新的著作（Reduce Change to Increase Improvement）也不例外。正如她所說：

我們藉由區分變革和改進的不同，來加重領導者的責任。他們應該要發展並傳達一套詳細的實作邏輯，說明他們的變革主張會產生什麼樣預期的改進。（頁3）

　　因此，我們開發**深度學習架構**，詳細說明變革提案如何促成預期的結果，所設定的結構與過程如何確保所有層級具備創造變革的能力，以及所擬定的變革措施如何對學習者產生影響力。圖 3.2 說明 NPDL 的行動理論或因果路徑。如果我們想讓所有學生成為深度學習者，就必須問，「讓所有人都能進行深度學習的因素是什麼？」

圖 3.2　深度學習架構支持圈

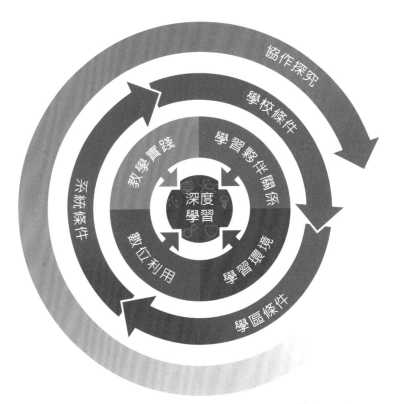

來源：Copyright © 2014 by New Pedagogies for Deep Learning™（NPDL）

用逆向操作的方法，我們會看到三個關鍵成分。第一，學習目標和深度學習者的定義一定要明確。第二，唯有確立一個讓教師、領導者、學生和家庭都能輕鬆轉換思維和作法的學習過程，深度學習才能在所有課堂裡發展。第三，唯有創造能支持創新、成長和學習文化的環境條件，深度學習才會在所有的學校和系統發生。

深度學習架構會使用一套工具和流程讓深度學習能快速傳播，針對學校、學區和系統的不同脈絡作不同的調整，也會提供具體的作法來轉換教學實踐。圖 3.2 為**深度學習架構**的支持圈，共有四個層面。以終為始，簡單來說：

第一層：深度學習，也就是**六個全球素養**，是想獲得的成果。

第二層：**學習設計四要素**（學習夥伴關係、學習環境、教學實踐，和數位利用），重點在於發展教學經驗以實現成果。

第三層：**深度學習條件**的評量規準，用以協助學校、學區和系統發展深度學習。

第四層：**協作探究**歷程，環繞整個系統，因為各個層級都需要不斷深度學習。

第一層：深度學習的六個全球素養

架構中心的第一個支持圈是深度學習，由六個全球素養構成：品格、公民素養、協作、溝通、創造力和批判思考。**深度學習便是獲取這六個全球素養（6Cs）的過程**。這些素養描述日益複雜的思維和問題解決、精細的協作技能、自我了解、奠定品格發展基礎的責任心，以及讓自己成為全球公民的同理心和行動力。如果教師、學生和家庭想要建立共同的語言和期望，就必須在這一層釐清想達到的學習成果。為了檢核進展，我們為每種素養開發一套更扎實的工具，稱之為**學習進程**。

第二層：深度學習設計的四要素

　　架構的第二層用來支持學習設計過程。這四個要素將意向性和精確度融入**教學實踐**、**學習夥伴關係**、**學習環境**以及**數位利用**，以促進更好的學習設計。教師和學生都關注這四個要素，好確保學習歷程融合了複雜度和深度，這樣才能促進學生的發展，並為先備技能和理解提供鷹架，以提高學習成功的機率。同樣地，這些要素讓教師、學生和家庭彼此之間建立新關係，並使用數位工具來促進及擴大學習。特定的工具包括**教師自我評量工具**、**學習設計評量規準**和**學習設計操作指引**，這些都能協助教師在 NPDL 的每個要素中創造學習經驗。

第三層：推動深度學習的條件

　　深度學習不應僅限於一些願意創新的教師、校長和學校，因此，第三層支持圈描述能在學校和系統推動深度學習並使其得以倍增擴張的條件。這組條件附屬在整個系統的三個層級上：學校、學區或校群以及州。問題是，什麼政策、策略和行動最能促進 6Cs 和深度學習設計的四要素？坦白說，這些問題讓事情變得複雜，我們一直忙著定義和發展最好的版本，以便解釋支持這些不斷拉鋸的變動因素。我們仍在努力研擬精確的配方，不過就目前而言，我們想到在三個層級（學校、學區或地區以及州）都需要的五個必要核心條件：**願景**、**領導力**、**協作文化**、**深化學習**，以及**新的評估與檢核**。值得注意的是，這五個核心條件最終將與一致性架構（Coherence Framework）的四個元素（聚焦導向、培養協作文化、深化學習、確保績效責任，而位於中心的是領導力）並行。這五個條件的評量規準可以用來確認優勢、弱點、提供進步的指南和進程的評估。

> 深度學習不應僅限於一些願意創新的教師、校長和學校。

第四層：協作探究歷程

最後，本架構的最外圈為協作探究的歷程，它是系統變革的基石，促進所有層級間的交互影響。它雖在最外圈，卻不是最後一步；透過在每個發展階段建立強而有力的對話，促使內層的每一圈都能發生協作探究歷程。教師可以使用協作探究歷程來設計深度學習經驗，團隊可以用它來校準學生的作品和成長，教師和領導者則可以用它來評估學校和系統層級的深度學習發展條件。

結語

本章的重點並非要大家按照支持圈的順序來操作執行，重要的是能夠理解各個部分，以及它們彼此之間相互連結和增強的方式，這便是支持圈的統合綜效。這個模型是動態的且會持續擴展，使整體大於各部分的總和。協作的最後一環才是關鍵，它驅動「做中學」的歷程，藉由產出新知識和想法來促成綜整性的行動，透過共同檢視實務工作來帶動集體的感染力和互助的力量。接續的挑戰則是建立共同的目標和協作專業知識以釋放強大的心智習性，好讓教師、學生和家庭都能夠轉變學習。

本書第二部分借重 NPDL 學校、學區、校群和系統的經驗，深入探究深度學習架構的每一個層面；透過分享能促成整體系統轉向改革學習歷程的實務和元素，我們邀請你用這個架構找到自己的切入點。第二部分的六個章節探討行動中的深度學習架構：第二部分的六個章節探討行動中的深度學習架構：實施中的深度學習（第四章）、設計深度學習（第五章與第六章）、協作是關鍵（第七章）、推動全系統變革的條件（第八章），以及深度學習的新檢核（第九章）。

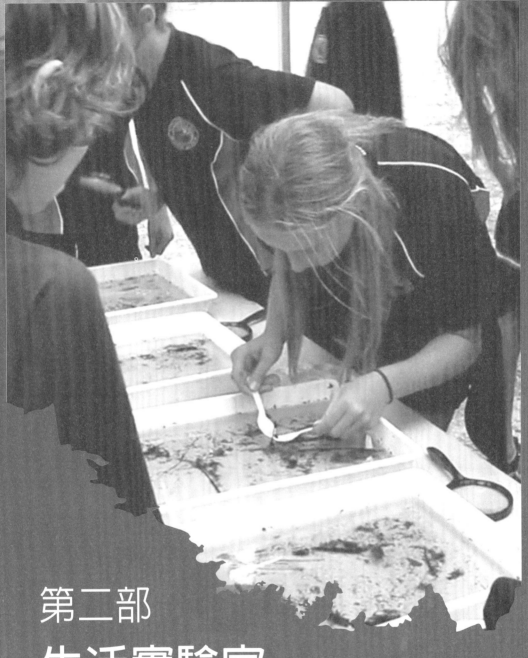

第二部
生活實驗室

我說：

「應該有人做點什麼」，

然後意識到，我就是那個某人。

—Lily Tomlin

第四章

實施中的深度學習

讓深度學習成為改變的力量

深度學習模組的核心是 6Cs：品格、公民素養、協作、溝通、創造力、以及批判思考。如圖 4.1

圖 4.1

來源：Copyright © 2014 by New Pedagogies for Deep Learning™ (NPDL)

這些素養合適嗎？只有這些素養嗎？在二年、五年甚至十年後，還是這些素養嗎？全球對未來技能的需求快速增長，而組織和教育工作者急著找出因應措施。表 4.2 列出阿波羅研究中心（Apollo Institute）、世界經濟論壇（The World Economic Forum）（「未來研究所」（Institute for the Future, 2011）），及 NPDL 最新報告中收集到的未來職場所需素養一覽表。

表 4.2　未來職場所需素養一覽表

阿波羅研究中心 2020	世界經濟論壇 2015	世界經濟論壇 2020	NPDL
1. 意義建構	1. 複雜問題解決	1. 複雜問題解決	1. 品格
2. 社交能力	2. 與他人協作	2. 批判思考	2. 公民素養
3. 新穎和彈性思維	3. 人際管理	3. 創造力	3. 溝通
4. 跨文化素養	4. 批判思考	4. 人際管理	4. 協作
5. 運算思維	5. 協商談判	5. 與他人協作	5. 批判思考
6. 新媒體識讀	6. 品質控管	6. 情緒智商（EI）	6. 創造力
7. 跨學科能力	7. 服務導向	7. 判斷與決策	
8. 設計心向	8. 判斷與決策	8. 服務導向	
9. 認知負荷管理	9. 主動傾聽	9. 協商談判	
10. 虛擬協作	10. 創造力	10. 認知彈性	

來源：Grey, A. (2016). The 10 Skills You Need to Thrive in the Fourth Industrial Revolution. World Economic Forum. Retrieved from https://www.weforum.org/agenda/2016/01/the-10-skills-you-need-to-thrive-in-the-fourth-industrial-revolution。

　　如果把一覽表上的能力和六個全球素養相比，就會發現它們之間的共同點、一致性和趨勢，但彼此間的細微差別則會持續發展。世界經濟論壇指出，由於新科技、產品和需要新技能的工作大量出現，創造力將會成為最重要的三大技能之一。同時他們也預測協商談判能力和認知彈性在未來會有更高的需求，另外，情緒智商的出現也值得注意。

> 我們看到創造力的重要性日益突出，並成為其他素養發展的催化劑。

　　在 NPDL 的研究中，我們看到創造力的重要性日益增加，並成為其他素養發展的催化劑。同時，因為每個人在這個複雜世界中都需要更努力面對層出不窮的多重挑戰和多元觀點，品格和公民素養中惻隱之心與同理心的養成也日益顯得重要。我們雖然無法確知何謂完美的素養組合，但聚焦在 6Cs 這些通用的素養，可讓學習者發展終身學習的能力、保持靈活且與不斷進化的世界接軌，最終成為世界上所需要的人才。我們目前的優先事項就是要聚焦

於實現這些素養，同時根據變遷的需求主動調整自身。這些新深度學習素養的概念或許難以捉摸，但靠著踏進世界各地的教學現場，我們就能了解培養與促進六個素養的不同學習方式。

　　讓我們到**芬蘭**的 Kirkkojarvi 學校，聽聽 Tarja Kohlmann 教師如何運用這個新的學習方式。

芬蘭學生應對氣候變遷

Tarja Kohlmann，國小教師；芬蘭，Espoo

　　在芬蘭，我們希望儘可能提供最好的學習環境，如漂亮的現代化建築，但隨著今年芬蘭推行新課綱和 NPDL，我們變成一個聚焦於重要事物的學習社群；教師們共同合作，給學生的學習經驗也與以往的教學法大不相同，學生一起參與氣候變遷的深度挑戰。小學生們都很興奮，他們從一開始的一無所知、學習到用蒐集資料評估問題、進而找出解決辦法。我們鼓勵他們與專家聯繫，並用新的方式與其他學生和家庭成員互動，以進行更深入的研究。我們觀察到，當他們實施解決方案、觀察結果並反思方案時，這種學習方式能激發他們的想像力。學生使用協作平臺進行連結並記錄進步情形，我們因此能看到他們每一次的試驗和成功。這樣的學習方式鼓勵學生思考他們身為全球公民、資訊的批判閱聽者、傳播者和協作者的不同角色，進而驅動有創造性及有深度的學習。他們正在發展品格特質，這將使他們進入世界，並讓學習成為生活中不可或缺的一部分。

　　在地球的另一端，烏拉圭在七年前開始實施一項計畫——提供載具給所有的學生，讓他們得以成為國際社群的一分子。烏拉圭是一個貧窮卻大幅進步的國家，因此值得一提。他們透過採用廉價的科技和軟體，改進與在地和全球議題相關的教學與學習。領導者很快發現，為了有效利用數位設備，他們需要更深度的教學法，因此烏拉圭加入了 NPDL 的合作夥伴關係。讓我們到教室看一下結合數位與教學法的樣貌。來自 Montevideo 的 11 歲學生 Soledad 和 Claudia 分享他們如何研究新的學習方式，並與同學一起參與這場影響世界重要議題的冒險活動。

利用機器人技術解放學習

國小學生；烏拉圭，Montevideo

　　Soledad 和 Claudia 想要探索周遭的世界，卻始終覺得被困在日復一日重複的教室裡。他們努力學習，但卻一直不被教室角落的那堆箱子吸引；他們不只一次要求老師讓他們探索那些碰不得的箱子和工具包。有一天，老師說，她正在學習一個新的教學法，想要在課堂上試試，也會和其他學校、城市、甚至其他國家的教師交流。兩位女孩趁機央求老師讓她們翻翻那些箱子，這次她答應了！不到兩個小時，兩位女孩已經將箱子和工具包裡的內容物分類整理完成，並在 YouTube 影片上學習如何組裝機器人和寫程式。當全班看到第一個機器人時，他們也想參與這次的探索。他們為自己設定的下一個挑戰是要結合綠色科技與機器人技術，打造可以解決人類問題的機器人。其中一組學生正好在學跟戰爭有關的議題，他們打造了一個可以偵測地雷的機器人。很快地，他們開始思考如何解決生活周遭的問題。去年附近海灘有五人死於雷擊，其中包括一個 10 歲的男孩。於是他們研究雷電並建了一個會發出警報的警告裝置，讓大家知道何時會有閃電。隨著學生們開始思考使用其他方式來影響自己的社區和整個世界，興奮情緒開始蔓延。需要幫助的年幼孩子渴望參加，父母也開始參與其中。大家興致高昂，所以 Soledad 和 Claudia 組了一個學生團隊來協助想要參加的人。老師提到她和學生也因此建立了一個互為夥伴的新關係。學生看到了一種新的學習歷程 —— 由學生提出計畫或主題，老師則協助他們改進。很快地，學生們想要更進一步挑戰自己，因此老師介紹她在 NPDL 學到的學習進程和評量規準。學生可以決定自己的作業，且能利用工具來改善學習和評估進程，這是他們認為最棒的地方。他們學到如何為世界而創造、運用思考、並保護和改變世界。

　　接下來我們來到加拿大安大略省的一所高中教室，在那裡，十二年級的學生們在世界議題：地理（**World Issues Geography**）這門課裡，分析政府、團體和個人對社會變革管理的影響。

實現聯合國永續發展目標

高中三年級學生；加拿大，安大略省

　　十二年級的學生接受了一個挑戰 —— 向他人介紹**聯合國永續發展目標**，並激勵這些人在當地和全球採取行動。學生根據興趣組成團隊，然後與環境組織，如世界野生動物基金會（World Wildlife Fund）和地球之友（Friends of Earth），以及社會機構，如我到我們（Me to We）、當地食物銀行和餵飽孩童（Feed the Children），與他們建立夥伴關係並一起合作。學生共同制訂成功的表現指標和學習目標，定期在推特上讓家人和社區知道他們的進度，並創設部落格來吸引目標族群，促進未來的夥伴關係。實際行動與影響包括：在當地一所小學舉辦**因為我是女孩（Because I Am a Girl）**的活動、籌劃鼓勵捐血活動、製作有關貧困的紀錄片並發起@poverty2power 活動來提高社區對貧窮的意識、製作和銷售襯衫以幫助年輕人就學、製作家具並將收益捐贈給地球之友機構且聲援永續消費的計畫案。學生們說：「我們學習跳出框架思考……學習冒險和放膽作夢。」他們的老師指出，看見自己的學生充滿能量、對他們所選的目標充滿熱情……渴望學習、分享和改變世界，這就是最大的回饋。

　　我們不但看見 6Cs 可以用不同方式達成，還觀察到其中存在著共通性：當父母、學生和教育工作者觀看這些影片或閱讀文章時，他們通常會注意到：

- 學生們都非常興奮，且積極投入於對彼此和人類的貢獻。
- 在學生、教師、家庭和社區間建立新的學習關係。
- 複雜的協作、創造力和解決問題能力得以發展。
- 學校的概念得以擴展到其他的空間和時間並與專家連結。
- 解決這些真實生活問題所需的批判思考如雨後春筍般湧現。

　　人們可能只是將這些特徵歸因於良好的問題導向或探究模式。雖然深度學習可能經常使用各種有力的教學模式，但問題導向的學習（Problem Based Learning, PBL）並不等於深度學習。以上三個例子

皆能看到學生的獨立性和合作學習。由此可見，深度學習是一個歷程，它能促使學生運用更複雜的思考方式、發揮創造力、解決日益難解的問題。無論有沒有與他人協作，學生都可以將探究模式應用於複雜的任務。另外，我們希望刻意地發展協作，這表示我們每個人都要有機會進行有意義的小組導向學習任務。如此一來，像問題導向和協作小組學習的模式就可派上用場。深度學習並不是一個特定的教學模式，而是透過廣泛的學習實踐來培養而成。一位學校領導者指出：

> 深度學習就像一個由 6Cs 建構而成的大圓圈。圈內是各種可幫助孩子成長的教學方法，而我們得做出選擇。我的學校可能適合設計思考，而其他學校能有效使用探究或問題導向的教學模式，那都是可行的。好處是，我們能夠選擇適合自己學生和社區的教學方式。我們雖有很多選擇，也被賦予責任 —— 根據正確的資料和知識作出明智的抉擇。（personal communication, July, 2017）

特別的是，無論使用哪種教學模式，這樣的學習都能幫助學生更快培養六個全球素養，或稱 6Cs —— 品格、公民素養、創造力、批判思考、協作和溝通。

新興發現

學生、教師和領導者非常正向樂觀，能散發全新能量、熱誠和突破框架，這是最振奮人心的發現之一。

學生、教師和領導者非常正向樂觀，能散發全新能量、熱誠和突破框架，這是最振奮人心的發現之一。我們假設，這樣的學習模式讓他們有更多的發言權和選擇權。當學習更能扎根於現實生活，我們觀察到學生可以產生新的行為。教師們在定義深度學習的成果時會浮現出更多的目的性和精確性，他們能選擇有力的新教學法、與學生共同設計課程、給予學生發言權和選擇權，能針對學習經驗及教學實踐對學生深度學

習的影響進行評量，以及認知到數位科技是學習中不可或缺的元素，還可以和大量的想法、專家、協作者和機會建立連結。這種具意向性的實踐會帶來新的角色、新的關係，和新的學習夥伴關係。這些都源自於鼓勵創新、重視個人興趣和天賦，並與現實生活有真實連結的環境；因此，學習不是為明天，而是為今天的生活作準備。以下是我們的發現：

幫助人類

學生立志讓世界更好。無論是烏拉圭的學生建立警告系統以預測海灘上的閃電，或加拿大高中生將聯合國永續發展目標落實到當地社區乃至全球等，都可見到學生正在採取實際行動。在過去二十年間，21 世紀技能的討論著重於溝通、協作、創造力和批判思考，但我們也看到品格和公民素養的重要性大幅躍進。然而直至今日，就如同 Sir Ken Robinson 一直努力不懈所爭論的，創造力在學校一直都不太受重視。

總而言之，我們的深度學習者用全球公民的模式進行思考，本著對各種價值和世界觀的深刻理解來考量全球議題，對於如何解決影響人類和環境永續的模稜兩可且複雜的真實生活問題產生真正的志趣和能力。他們在解決現實生活中的問題時，同時也在培養勇氣、堅持、毅力、同理心、惻隱之心和修復力，且練習將學習融為生活必需的能力。我們喜歡烏拉圭那個十歲的女孩所說：「我應該幫助人類，所以我決定從自己的社區開始。」或者成群的學生說：「我不想再等十年才能成為公民，我今天就想成為公民。世界需要我！」這些都預示著未來的發展：學生與人類雙贏。

> 我們喜歡烏拉圭那個 10 歲的女孩所說：「我應該幫助人類，所以我決定從我自己的社區開始。」

學生是變革推手

學生有未被開發的潛力，一旦他們透過深度學習獲得發言權和選擇權，就會對組織、社會和教學法產生極大的影響。

組織

加拿大渥太華省的 Glashan 中學做了一個與學生領導才能有關的大膽決定，而這個決定帶來驚人的結果。

學生的意見引領學習

中學學生：加拿大，渥太華省

Glashan 中學的深度學習之旅始於邀請學生加入**深度學習設計團隊**。這些**七、八年級**的學生承擔領導者的角色，協助建立共識和目標，以便在學校發展深度學習。在最近的訪視中，我們很明顯地看到，學生是學校轉向到深度學習不可或缺的一部分。與學生團隊中的 25 名成員碰面時，他們皆能具體表達自己的觀點，並舉例說明 6Cs 如何在學習中引導他們做出選擇，幫助他們為生活做好準備。以下這個例子，說明 2017 年 5 月一趟僅限 12 名學生參加的瑞典之旅（如我們在第一章的短文所示），如何在學校文化中充分體現 6Cs。

面對學生甄選標準這個艱難的決定，學生領導者給申請者一個挑戰，要求他們根據 6Cs 來創作，說明他們是最佳人選的理由。學生的成果有：一個行李箱，裡面裝滿以 6Cs 為主題的作品；也有剪貼簿和海報板，詳列自己如何使用 6Cs。

> 學生有未開發的潛力，一旦他們透過深度學習獲得發言權和選擇權，我們發現他們對組織、社會和教學法產生極大的影響。

當然，Glashan 的教師們也是轉換到深度學習不可或缺的一部分，但很顯然的，讓學生盡其所能發揮他們的領導力與創造力，這會擴大影響力。

社會

隨著學生為當地和全球社區做出貢獻，他們開始重新思考自己在學習和改變世界中的角色。透過不斷拋出「為什麼？」和「為什麼不？」，他們推翻傳統的教育結構。當學生參與有意義且與自身有連結的任務時，幾乎沒有什麼事可以限制他們。

與從政者的閃電約會

十二年級學生；澳洲，維多利亞省

　　Bendigo 中學的學生邀請當地政治候選人和社區成員，舉行了一個名為「與從政者的閃電約會」選前論壇。這些十二年級學生是 2016 年聯邦大選的首次選民，他們對地方、國家和全球議題感到緊張和困惑，因而舉辦了這個活動讓學校學生與當地政治候選人見面，向他們提出各式各樣的問題，以便在參加聯邦大選投票時做出明智的選擇。學生邀請市長參與他們的組織委員會、與不同的社區團體會面、從每個候選人那裡蒐集政見，並為這些參加「與從政者的閃電約會」的首投族準備資訊百寶袋。學生們感到自己處於重要事件的核心，他們聆聽對話、議題和那些曾向學校表達過的論點。學生們發現媒體想知道他們的想法，他們的公民素養和技能悄悄地茁壯。雖然學生們覺得這只是組織一個活動而已，但透過這個經驗，他們接觸到不同的想法、語言、反對的論點，以及有挑戰性的問題。

　　社區的參與也超乎預期：當地的私立學校要求參加這個活動，父母們也為 Q&A 論壇提供許多值得追問的問題。當地的媒體也來參與這場活動，對於學生參與政治的過程給予正向的報導。（NPDL, 2016）

　　學生們發現，他們可以參與推動社區的意識和行動。

教學法

　　學生一旦參與了有意義的學習，就不太願意回到學習單和教科書上。他們不留戀現狀，準備改變。這樣的學生意外成為一股推動教師改變的力量。教師們親眼看到學生的轉變，因此給了自己去冒險的動力。這個新的學習夥伴關係，用教師自身也想不到的方法幫助學生和自己拓展學習的廣度。加拿大廣播電視公司在 New Brunswick 訪問 Bessborough 學校師生時，便說明了這樣的情形。

勞動增值：植物花園

六年級學生；加拿大，New Brunswick

學校前的家長接送區已經被改造成一個種植二十種非基因改造、各式各樣有機水果和蔬菜的科學花園及三個蜜蜂友善花園，而這些全是由六年級的學生研究和設計出來的。教師們在幾個月前加入了 NPDL 夥伴關係，希望讓他們的學生思考本地、社區和全球性的議題。老師們想到了蜜蜂，因為有三分之一的食物源自於由它們授粉而成的植物。一旦宣布要付諸行動，學生們的點子源源不絕，甚至不想下課。學生們進行研究，然後選擇展示作品的媒材，包括用來創作蜂巢導覽的 Minecraft、創意說故事應用程式 Toontastic 3D、建立蜜蜂旅館的 3D 模型，還有 Spheros 編碼軟體，以應用程式驅動的機器球來複製蜜蜂世界。學生們舉行蜜蜂展示會並與父母分享他們的發現。教師們舉出好幾個例子，那些曾經長期缺課的學生，為了這個蜜蜂計畫，現在每天都出席；而那些規律出席但不積極的學生，因為得以選擇和參與這個有意義的計畫，現在也變得全心投入。「教師的角色改變了。學生產出想法，而我鼓勵他們，給他們建議，我們共同努力。」合作範圍又擴大到跨年級的學生，甚至運用到世界知名養蜂人的專業知識。一位學生指出：「我很驚訝我們能勝任這麼艱難的工作……當他們說我們能夠拯救蜜蜂時，我說，算我一份！」

當學生探討如何分享發現並採取行動時，他們從數位世界帶來一系列新的教與學方法。這個合作模式讓我們對於學校的樣貌及能夠幫助學生學習的方式，激發出新的思維。

公平假設

在前幾章我們提出了一個公平假設，也就是所有的學生都需要深度學習，尤其是那些在傳統教育中不受重視的學生。以下我們提供兩個例子，第一個例子說明，當學生在與自己生活相關的領域中進行深度學習，他們不僅在學術領域不斷進步，也找到自己的定位和聲音。

Sam，高中生；加拿大，安大略省

對於來自貧窮家庭的學生來說，深度學習可以是改變一生的經驗，讓學生挖掘能主導自己生活、甚至改變他人生活的力量。下述第一民族（First Nation）的學生正是此例。

Sam 在安大略省 Timmins 的一所高中裡苦苦掙扎。他離開相依為命的祖母和原住民社區及文化，跋涉數百哩到一所對第一民族學生期望極低的社區高中就讀；加上必須寄宿於陌生人家中，Sam 漸漸了解，為什麼許多同村的學生放棄學習或輟學。學校一位教師讓他的學生參與一個由安大略政府贊助，名為「**學生即研究者**」的計畫。雖然 Sam 在班上成績落後，但他想參與這個計畫，如此一來他便可以和同學以團隊的方式研究和改進他們有興趣的領域。他找了幾個來自相同族群的同學，很快地就組成了小組。他們的研究問題為：「第一民族青年轉換到高中時的經歷是什麼？」他們設計問卷和訪談問題，訪問許多人，包括成功挺過高中過渡期且畢業的學生、輟學的學生、同族群的長者、學校的學生和教職員工，以及提供第一民族學生寄宿的家庭成員等。課程尾聲，他們完成報告，內容顯示這些學生遭遇了一連串的挑戰和困境，從孤單、種族歧視、到無助感和失敗感都有。

接著，他們知道該怎麼做。Sam 和他的團隊想利用這份報告激發改變。他們變得非常積極，致力確保第一民族的青年能有不一樣的經驗。在學校和社區一些長者的支持下，他們在學校成立**原住民青年諮詢委員會**。這個委員會提供原住民青年發聲的機會，並讓學生有機會領導學校的變革：包括原住民導師、同伴輔導、為原住民和非原住民學生舉辦慶祝文化和歷史的活動，以及改變寄宿經驗、與社區連結的措施等。原本只是一個課堂的專案，後來竟成為一個以原住民學生為導向的多年行動計畫，改變了全校對原住民學生的觀感。在這之前，害羞、缺乏讀寫能力的 Sam 被諮詢師建議改修習職技課程，但現在，他成了一個喜歡閱讀和做研究的自信青年。他在**原住民友善中心**（Native Friendship Center）擔任青年諮詢師，並計畫進入一個能讓他取得教師證的大學學程。

（Fullan & Gallagher, 2017）

第二個例子告訴我們，一個總是被分到低程度班級的學生，若有機會去追求自我興趣時，會發生什麼事。

讓學習有意義：釋放熱情

Gabe，中學生；加拿大，安大略省

Gabe 大部分修習就業導向的技職課程，但最近，因本身熱愛運動，且受到喜愛的教師鼓勵，便加入一門人體運動學的學術課程。透過參與以學校為本位的深度學習探究活動，Gabe 的老師重新設計許多學習任務，讓學生對所學內容以及如何展現學習成果有更多選擇。Gabe 的老師要學生盡可能將他們所學應用至真實生活，結果，有學習障礙的 Gabe 得以參與課程。如同深度學習任務的範例，學生們選擇一項競技運動，研究此項運動的營養需求，並用全天然成分製造出營養補品，強化運動員激烈競爭的賽前準備和賽後恢復。在課堂的行銷大會上，學生必須向受邀的業界專家行銷自己的營養品，以獲取回饋。這些社區成員包括退休的職業冰球選手、健身房老闆、剛完成波士頓馬拉松賽的跑者、競技游泳選手教練，他們會試用學生的產品並詢問與學習方面有關的問題。經過這次深度學習任務，Gabe 和教師都很驚訝自己對學習竟能如此投入，Gabe 進而將學到的重要營養素和卡路里知識應用到他所愛的籃球上。Gabe 表示，他之所以能深入學習這個主題是因為這是他的興趣所在。Gabe 反思，因為他被要求用有創意的方式設計產品以展現他的學習成果，這讓他覺得更有參與感，也更有自信。Gabe 也表示，若評量方式是完成紙筆測驗，他不但會失去興趣，也無法展現出他學習的深度。Gabe 對自己的作品感到驕傲，也第一次覺得自己可以跟上同學們的腳步一起學習。

深度學習包容所有人。儘管有可能經歷學習挑戰，深度學習能為所有學習者注入自信和毅力，並提供成功的機會。我們並不是說公平可在短期內達成，但朝此結果邁進應是這系統的遠大目標。此外，當我們把公平和卓越連結到能滿足學生健康和安全需求的政策和策略，兩者的結合就會產生無比強大的力量。

檢核全球素養中新向度的影響力是一項挑戰，但仍可在我們芬蘭同事 Pasi Sahlberg 的研究裡看見希望（Rubin, 2016）。Sahlberg 用「大

數據」和「小數據」來檢視資訊。他解釋，**大數據**的資料包含了跟複雜指標有關的大量訊息，但無法用傳統的應用程式處理這些資料。儘管資訊內容廣泛，卻無法讓決策者理解什麼是好的教學，以及好的教學如何導向更好的學習。Sahlberg 提到 Martin Lindstrom（2016）的作品，Lindstrom 所稱的小數據較有希望。**小數據**讓我們看清龐大趨勢的小線索，這些微小的線索通常存在於學校的結構中。因此，我們以案例短文和示例的形式收集小數據，可以看出，在傳統學習中苦苦掙扎的學生能在深度學習環境中成長茁壯。

學生克服挑戰，獲得成功的例子其實不少，我們並非只從單一的成功案例中汲取經驗，不同的深度學習學校都能看到學習轉化的整個型態。如先前提到的，我們使用小數據的概念去蒐集有力的短文，以便在整體當中產生更大的意義。深度學習貼近個人，讓更多疏離的學生變得投入、更願意參與；它成為同儕間群聚效應的準則，也可以為表現不穩定的組織提供規範。換句話說，如果學習成果有更好的明確性、聚焦在六個全球素養，以及發展深度學習經驗，這些皆可促成學生更深的學習投入和加速進步。對學業落後學生的看法，從他們有缺陷、需要矯正，轉換為他們是可以成長和具備發展的潛能，因此，這種公平假設會對政策和全系統變革產生深遠的影響。

讓深度學習熱絡起來

轉型變革（也就是社會運動）促使人們訴諸行動，而非僅僅停留在口號而已。再多的宣揚、道德化或倡導都不可能使人們改變作法。如果可以在自己學生身上看到他們在思考、感知，與世界互動方式發生改變，這些實例反而更具說服力；其次能打動人心的，則是有機會觀看深度學習真實發生的影片或電影。本書提供不少關於改變的故事和影片網址，數位世界讓我們有機會目睹這些真實案例。如果你覺得自己、學校或學區其他同仁已準備好探索深度學習，我們提供三個入門建議。

促進強而有力的對話

　　學生、教師、領導者和父母需要時間理解這個新的概念和想法，並需要一些機會深入討論對學生的期望。你可能想要成立類似角色相近的小組，然後朝共享的想法和理解建立改變的動力。無論小組是否包含思考學校變革的校長、展望未來的全校教職員，或是來自各方的教育工作者、家庭、和社區成員，使用能激發想法的影片示例和深入對話方式可引出組員們不同的觀點。運用操作指引引導組員對話，可有效促進他們探索想法，進而達成對學習者的共同願景與共識。使用關鍵問題和 6Cs 的操作指引可以確保組員的想法都被聽到、讓關係可以更緊密，以及產生共同的理解和目標。你可以考慮運用影片激發組員思考：「在這個全球化、數位化的世界，學生能夠成就什麼？」你可利用這本書列舉的影片，或是 Edutopia、Expeditionary Learning 和 Youtube 網站上提供的創新課堂影片。當組員們討論影片中讓他們感到振奮之處和學習的方式，就會開始建構對深度學習的共同理解，以及實施時可能的樣貌。藉由讓組員找出現有學校或學區如何培養這種學習者的方法，你可以將素養和新學習方式連結到自己的學習情境脈絡。NPDL 挑戰教師和領導者去思考如何在課堂上深化學生的學習並落實行動，將來也要邀請他們來分享成功的經驗。

培養深度學習的文化

　　要讓深度學習札根苗壯，每個人都需將自己視為學習者。領導者要擔任鋪路的角色，製造深度對談的機會以及創造組員們可以放膽嘗新的環境。此處所需的是一種文化：鼓勵參與、創新和多元思維，且讓相互學習成為一種習慣。當領導者**以身作則**成為學習者、**觀察**組內成員關係和學習文化、而後**檢核**進步和慶祝成功時，他們便塑造了學習的文化。全球的教師領導力一直在上升，有一位教師表示，能夠用有意義的方式去教授真正重要的事物，這解放了他們。他說：「這是我從事教職的原因」、「我原以為探究法無法讓我完成整個六年級的課程，現在我反而覺得探究法才讓課程更為深化」。

以下兩個例子說明教師如何為學生創造相似的學習文化。在第一個例子中，我們看到教師如何帶領學生深度認識在課堂內外都非常重要的 6Cs。

在加拿大多倫多一個多元課堂裡，公告欄的標題是「直到所有人都變好，我們才真的優秀。」上面布置著每個 6Cs 的標題。年初時，學生將「我想知道」的便條紙貼在每個素養旁，上面寫的是班上其他同學今年可能達成的成就。例如：我想知道 **Jason 會不會成為一名藝術家，因為他是我們學校中最棒的**（作者說明 Jason 為最近的專題創作了自己的漫畫）。接著在這一年中，學生們每天放學時都要花一些時間思考 6Cs 的證據，並在牆上貼上便條記錄這些成就；充滿成長證據的**動態牆面**就是這個活動的成果。

有兩個事件證明這是一個有力的策略。學生對於素養的圖像和定義形成共同的理解（例如他們現在對於協作向度的闡述，從簡單的團隊合作轉移到「能深刻理解每項任務所需的技能」）。此外，學生發展出尋找證據的技能、自我規範，並培養能夠尋求成長和成功的心智習性，反思和理解的文化也隨之出現。

在另一個教室裡，教師介紹學生版的學習進程。課程開始時，學生使用學習進程進行自我評估，並為下一個深度學習挑戰設定個人目標。經過一段時間，學生發展出提供和接收回饋的技能，並將學生版的學習進程作為討論的基礎及蒐集成長證據的指引。

此處我們看到，對 6Cs 的共同理解成為日常文化的一部分。在與同儕和世界的互動中，學生的行事開始更具道德感，也更具同理心，但這不只是感覺良好而已。當教師以學習進程來自行或協同設計學習，而學生則依據學習進程指引自我發展或看到他人的進步，具意向性的深度就會隨之出現。

夢想遠大，但從小處開始

深度學習宛如一個旅程，但沒有一條固定的路徑。如果想以領導者之姿影響變革，就需以身作則、觀察變化並評估影響力。

當領導者將深度學習視爲重要目標並進行理解、建立共同理解6Cs的方式及選擇示範深度學習的影片時，他／她就是以身作則。你可以要求參與者觀察並記錄學生發展6Cs的證據，讓他們討論可以獲得6Cs的學習歷程。接下來，則可挑戰教師在未來兩週教授的課程或單元中，刻意地使用其中一種素養。若是教授歷史單元，你可以想想教師們能夠問哪些問題來增加學生批判思考的複雜度。若是教授寫作，你可以思考教師們如何使用同儕回饋並刻意發展學生更好的協作技能，以完成任務。

教師和其他領導者可在會議、專業學習會議、或學校訪視中檢視重要的事件或開心地接受早期的示例；他們也可以檢視深度學習對文化及學生成果的影響力並慶祝成長。在歷程中，教師們會整理、保存和精進有效的方法。如此一來，創新和持續改進便得以融入文化。

結語

我們主張，將僅限於小眾、處於教學實務邊緣的深度學習推廣成所有人的學習基礎，從創新的亮點轉變成促進全球學習者的熱誠和成就感。最大的挑戰來自如何推動思考和行動上的變革。深度學習需要的不只是融入創新，更重要的是要釋放潛能 —— 一種能實現所有人的遠大希望和願景的轉變。因爲深度學習有賴教師、領導者、家庭和學生的熱情和投入才得以演變，我們將此深度學習的潛進視爲一種新興的**社會運動**。

建立素養的清晰度和共同理解是邁向深度學習的第一步。請注意，在表 4.2 中，當我們將 6Cs 與其他列表進行比較時，我們具有六個關鍵素養，而其他三個則都有十項。其實沒有所謂的神奇數字，但簡約的複雜性讓我們找出成功所需要，最小數量且相互沒有重疊的核心要素。核心素養的列表必須是全面且容易記憶的。素養的清晰度只是基礎，如何打造深度學習經驗才是關鍵。要做到這一點，我們需要一個把所有素養集中起來的架構。在第五章和第六章，我們會檢視深度學習設計的四個要素。

> 我們主張，將僅限於小眾、處於教學實務邊緣的深度學習，推廣成所有人的學習基礎。

" 我們以通則思考，
但於細節中生活。 **"**

—ALFRED NORTH WHITEHEAD

第五章

設計深度學習：學習夥伴關係

教學新創

　　要從根本改變學習歷程的必要性已不證自明。教育工作者、家庭、決策者和整個社會都同意，學生需要新的能力以支持其在現今與未來的成長。**深度學習**的定義即是發展或獲得素養。雖然越來越多人同意學習必須改變，但**如何**培養這些素養，且如何在複雜的系統中讓**所有學生培養**這些素養，是我們的挑戰。正如我們在本章中闡明的，這些發展需要學生、家庭、教師和學校領導者進行更全面的學習設計，並界定其相對應的新角色。

　　在學生、家庭和教育工作者之間建立清晰及共同的語言可促進投入和行動，發展素養以期學生都能茁壯成長。一旦我們對於學習成果——即全球素養——有共識，我們需要問，「要如何設計學習環境和經驗，以促進習得這些素養？」以及「要如何使多數的教師及學生致力於這個新的學習過程？」我們提出四個面向的解決方案——如圖5.1，學習設計四要素。

　　正如第四章中所言，確定學習目標的過程始於明確關注學生的優勢及需求，並以六個全球素養（6Cs）作為考慮課程內容的透鏡。學習的重點應置於發展大概念和理解觀念，而非微小的事實和零碎的活動。當教師受到激勵，發展深度學習經驗並接受新的教學法時，四要素的架構可以幫助他們思考多面向的複雜性學習。在實務中，NPDL的四要素相互統合且相輔相成。但考慮到個別要素的特性、在相互關係中建立其精確性，並強化學習設計的目的，我們在架構中劃分出四個元素。

圖 5.1　學習設計四要素

來源：Copyright © 2014 by New Pedagogies for Deep Learning™ (NPDL)

教學新創哪裡新？

1. 注重在**真實生活中創造和使用新知識**，不僅僅只是傳達已經存在的知識而已。
2. 刻意地在學生和教師之間建立新的學習夥伴關係，**學習歷程**成為共同發現、創造和使用知識的焦點。
3. **學習環境**不限於傳統課堂，它跨越時間、空間和人員，作為建立新知識和創造強大學習文化的催化劑。
4. **無時無刻利用數位**來加速和深化學習，數位不僅僅是作為附加內容或目的而已。

　　教學新創與傳統教學形成直接的對比，後者更注重內容精熟、以教師為中心的設計、資訊的傳遞，且將科技視為附加的工具而已。在本章中，我們從**學習夥伴關係**開始，接著在第六章，會談及學習環境、數位利用及教學實踐。這一次，我們把教學實踐留在最後，這樣讀者就可以理解其他三個要素才是整體學習設計中更廣泛且重要的部分。

學習夥伴關係

　　學生、教師、家庭和外部世界之間都戲劇性地出現新的學習關係。這種發言權、控制權和夥伴關係的轉變是深度學習的一個顯著特徵。教師在描述新的師生關係時很興奮，在這種新的關係裡，教師成為學生的學習**夥伴**。我們用學生的語言來說明這種學習對他們的影響──「比起跟站在前面的教師學習，從同儕那裏學習容易得多」、「和我們小鎮以外的人建立連結是件好事，因為它擴展了我們的視野」，還有「我展示這項工作成果是因為我以它為榮且希望得到回饋」。

　　如圖 5.2 所示，學習夥伴關係是教學新創四個關鍵設計要素之一。

圖 5.2　學習夥伴關係

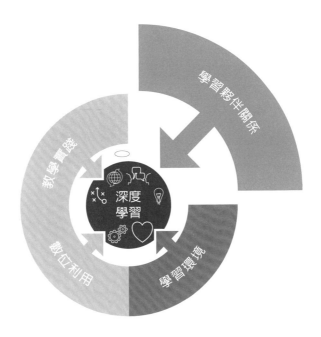

來源：Copyright © 2014 by New Pedagogies for Deep Learning™ (NPDL)

藉由將學習者與在地、國內及全球的眞實生活連結起來，新的夥伴關係在重塑學習上具有巨大的潛力。當學習變得越與生活相關且眞實，就越不受傳統課堂之限，也越自然地貼近學生的需求和興趣。轉向關注夥伴關係可加速學習，但這並非偶然發生，而是需要學生、教師、家庭和社區在學習歷程中扮演新的角色，並刻意地培養這些新的學習夥伴關係。

學生的新角色

> 我們看到身兼共同設計者和共同學習者的學生更加投入於學習。

　　學生的新角色不只是學生的發言權及學生能動性而已，而是要能結合內在發展以及與世界的外部連結；我們看到身兼共同設計者和共同學習者的學生更加投入於學習。如果教師能以學生學習模型的三個成分爲基礎，培養學生積極投入、準備爲生活而學習，且體驗學習即生活，就能加速發展與學生建立有意義的學習夥伴關係（見圖 5.3）。

圖 5.3　學生學習模型

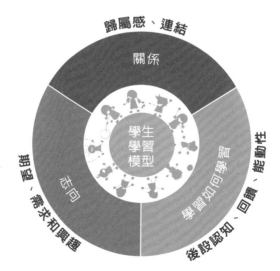

來源：Adapted from Fullan, M、Quinn, J. (2016). Coherence: The Right Drivers in Action for Schools, Districts, and Systems.（P.94） Thousand Oaks, CA: Corwin.

學習如何學習

如果要讓學習極大化，學生就必須對自己的學習負責並理解學習的歷程。學生要能夠發展**後設認知**，學習提供和接受**回饋**以及具有主體的**能動性**。

● 學習如何學習，需要學生建立關於學習的後設認知並掌握學習歷程。他們開始定義自己的學習目標和成功的表現指標、監控自己的學習、能批判檢視自己的作品，同時接納同儕、教師和其他人的回饋，好讓他們更能深度察覺自己在學習歷程中是如何運作的。

● 回饋對於改進學習表現十分重要。隨著學生在掌握學習過程時能有所進步，教師的角色逐漸從明確構建學習任務，轉為提供回饋、啟動下一個學習挑戰，且不斷營造學習的環境。

● 學生在共同開發學習任務及評量成果上扮演更積極的角色；因此，學生的能動性和自主性隨之浮現。這不僅僅是參與而已，學生投入真正的決策，並願意一起學習。

關係

因為人本質上具有社會性，且需要建立目的性、意義，以及與其他人的連結；關係對於所有人類而言都是重要的基礎（Ryan & Deci, 2017; Tough, 2016），關懷和連結尤其重要：

● 具**關懷**的環境能幫助學生茁壯成長並滿足人類受到尊重和有歸屬感的基本需求。當學生試著在本地和全球**幫助他人**時，歸屬感會成為其強大的動力。

● **經由有意義的關係建立連結**是真實學習不可或缺的一部分。隨著學生發展人際連結和個人內在的洞察力，就能夠以個人或小組方式漸漸完成更複雜的任務。能夠管理自己與他人的協作關係，且能自我監控，這些都是一生所需的技能。

志向

　　學生對自我的期許以及他人對其之觀感會大大影響他們的學習成果（另見 Quaglia & Corso, 2014; Robinson, 2015, 2017; Ryan & Deci, 2017; Tough, 2016）。

● 正如 Hattie（2012）研究所指出的，**期望**是成功的關鍵因素。學生必須相信自己能夠有所成，也要感受到別人相信這一點。他們必須共同決定成功的表現指標，並參與檢核自己的成長。家庭、學生和教師可以經由有目的性的方式來共同提升期望，有時只需討論眼前和理想的期望，以及如何讓他們實現期望即可。

● **需求和興趣**可有力加速學生的學習動機和參與度。教師若能激發學生與生俱來的好奇心和興趣，就能以此做為跳板，讓他們投入與生活相關且真實的學習任務，進而深入探究概念和相關的問題。

　　教師如果能將學習與學生的志向連結起來，提供有力的回饋，並基於學生的好奇心和興趣來設計課程，就能建立更強大的共同學習夥伴關係，也因此更能深入了解個別學生，從中分析學生的學習歷程，以了解哪種教學策略最能激發學生的學習興趣。教師和學生的學習夥伴關係必須在關係結構和獨立性之間找到適當的平衡，這種平衡對於每種學習情境都是獨一無二的。

　　轉向更積極、更能相互連結的學習會讓學生對自己、課堂內、課堂以外的學習都負起責任。有老師說：「我們已經看到孩子的轉變，學生會發展自己的能力，提出引發深層探究的問題，他們撰寫提出的這些問題往往會讓他們產生真正的共鳴。」（Lisa Cuthbertson-Novak, personal communication, 2016）

學生的能動性讓他們在本地及全球創造出更有意義的學習，而學生積極的角色可以增加他們的參與度。學生透過數位平臺接觸到世界大量的訊息，並希望在自己的學習中扮演主動、而非被動的角色，因此，決策上的新平衡是無可避免的。學校負責人Simon Trembath指出：「我們的學生現在將自己視為學習的真正積極參與者。學生與教師合作，共同決定他們的學習歷程將通往何處、如何分享學習，及與誰分享。」（personal communication, 2016）

由紐西蘭深度學習校群製作的影片 5.1 ── 學習夥伴：協作，描述這種新的關係 ── 6Cs 對師生關係、學生彼此之間關係所產生的影響力，以及協作實踐的影響力。

學習夥伴：協作

Kahukura 深度學習校群；紐西蘭，基督城

剛開始，我們的教師和學生們處於協作進程中最初的階段，但現在已不可同日而語。當我們在日常活動中加入學生使用的語言，學生們不僅可以看到自己身處的位置，還會知道要前進的途徑為何。他們學習到協作的相關知識，並將其運用到小組、開會、寫作、閱讀以及作品的其他層面。我們看到作品標準正在提升，想法也更深入。學生能更加深思熟慮自己及他人的作為。傳統的毛利互動方式 ── Tuakana Teina ── 建立了學長姐和學弟妹間的學習關係；教師觀察到，因為較年長的學生扮演同儕教師的角色，他們發展出更深的理解和寬容力。

學生們描述這對於他們學習的影響：「能夠不用聽我已經知道的事，實在是好多了！」他們能夠清楚指出自己在學習進程中的位置，以及要讓自己變得更好所需採取的方法。「我喜歡這樣的學習，因為我的讀寫能力進步了。」

以下故事來自**荷蘭**深度學習校群，記錄了教師教學技能的轉變，以及師生關係的轉變。

一年前想像不到的的事

Jelle Marchand 和 Annemarie Es；荷蘭

我們看到師生間的夥伴關係產生正向影響，課程逐漸轉變成以學生參與為主的模式，而這是一年前想像不到的顯著成就。教師體驗到，與學生一起共創並有意識地思考能夠激發學生學習的課程，這比站在教室前方上課容易多了；教師也意識到，只靠傳統的荷蘭教學方法無法實現其目標，他們需要刻意設計課程，並逐漸地將**探究圈**作為教學的核心。教師學會如何協助學生設定良好的學習目標和正確的提問，並由師生共同決定**成功的表現指標**。他們共同研究設計的學習提供了更有意義的學習經驗。我們一次又一次地經歷到，專業回歸到教師本身。參與這樣的夥伴關係也改變了許多人的心智習性，這真是太好了！這種轉變並不容易，但我們別無選擇，且沒有回頭路可走。學生的讚賞和滿足讓這一切變得值得，他們對學習的動力、投入和喜悅也大幅增加。

採納新角色和夥伴關係的學校和學區目睹學生的參與度和成功率大幅成長。我們之前分享過烏拉圭的示例，那裡的學生與教師共同設計學習內容。在確定要運用機器人技術為學習方向時，學生最初的好奇心是很重要的，當他們開始教導其他同學如何使用新的機器人技術和如何評估進度時，好奇心隨之深化。我們也特別指出加拿大渥太華省的 Glashan 學校，那裡的學生們組成**深度學習領導團隊**，承擔起發展學校內部深度學習的責任，並將其與瑞典的環境永續發展議題連結起來。在更遠的**澳洲**，有學生主辦一場三校的展覽，展示他們如何解決未來的問題。

未來的年輕智慧博覽會

Ringwood North 公立小學、Canterbury 公立小學及 Chatham 公立小學；澳洲，維多利亞省

2016 年 9 月 9 日於 Canterbury 小學，由學生主導舉辦未來的年輕智慧（Young Minds of the Future Expo）博覽會。Ringwood North、Canterbury 和 Chatham 三所公立小學的學生和教師在博覽會上展現他們協作學習經驗的最終成果。這次學習經驗讓參與者有機會探索**未來**的概念，以及過去是如何塑造我們的世界和影響未來。學生們集思廣益研究不同的興趣領域，如健康、體育、教育、遊戲、食品和交通，然後整理列出他們感到好奇的問題。根據這份清單，教師使用 iTunes U 製作一系列的輔導課程。學生們選修他們感興趣的課程，從中學會擴增實境和虛擬實境、開發兒童應用程式（APP）、體育技術的進展、不同的交通方式及其對環境的影響，還有永續的時尚趨勢等等。

學生以團隊合作的方式選擇一個焦點領域，根據他們在輔導課程中的發現及個人研究來預測所選領域的未來情況，最後在本博覽會中與大家分享他們的預測。學生透過主題演講來記錄、引導自己的學習，並定期與指定的教師會面。學生們共同努力提出他們展覽的重點、為什麼這個想法很重要、哪些研究支持了他們的主張、展覽攤位的樣貌，以及當天他們與觀眾互動的方式。

在各式各樣的示例裡，我們看到學生是平等的學習夥伴，也是學習的協同建構者。這些角色的學習可對學校與社區產生影響，也能增加學生的參與度，而學生的新角色也會改變教師傳統的角色。因此，為了讓學生成為夥伴，教師的角色也必須轉變為**激發者**，訓練者和催化者。

教師的新角色

　　學習是複雜的，學生則是多面向的。在深度學習裡，教師利用專業知識及專長，以嶄新的方式、透過新的關係和互動方式來參與和支持學生學習。當學生開始掌握學習歷程，教師的角色逐漸從學習任務的主要建構者，轉而提供學生更明確的回饋，以激發接下來的學習挑戰。沒有哪一種固定方法可以適用於每種情況，但我們還是可以檢視教師在參與和推動學生學習歷程時能夠扮演的三種角色（見表 5.4）。

表 5.4 教師的新角色

激發者	文化建立者	協作者
建立具有挑戰性的學習目標、成功的表現指標、能創建和應用知識的深度學習任務。	建立信任和冒險的規範，以能促進創新和創造力。	與學生、家庭和社區建立有意義的連結。
接觸各種教學實踐，以滿足不斷變化的需求和情境。	建立在學生的興趣和需求上。融入學生意見和能動性，作為學習的共同設計者。	與同事一起使用協作探究來設計和評量深度學習的歷程。
提供有效的回饋，以激發下一個階段的學習。	培養協助學生堅持不懈、能自我控制和有歸屬感的學習環境。	建立並分享有關教學新創及其如何影響學習的知識。

來源：Copyright © 2017 by New Pedagogies for Deep Learning™（NPDL）

教師為激發者

　　激發者這一詞源自 John Hattie（2012）的分析。針對全球 1,000 多個探討不同教學策略對學生學習的影響，Hattie 進行後設研究後，判斷出兩種策略——一種稱之為**協作者**，另一種則為**激發者**。Hattie（2012）指出，雖然協作者所運用的策略比傳統教室中「臺上的聖人」更有效，但激發者的影響力是協作者的三倍。換句話說，只是當一個「身旁的嚮導（協作者）」太**被動**；相較之下，激發者運用的策略包含師生互動關係、後設認知、教師教學的清晰度、互惠教學和回饋等。

教師作為激發者，扮演動態、互動的角色，與學生一起定義有意義的學習目標、一起建立成功的表現指標、並發展學生的學習技能；因此，我們再增加催化者和訓練者的策略，好讓學生成為具有反思能力和後設認知能力的學習者。激發者具有廣泛的教學能力，能運用思考工具和明確的提問來為特定學生或任務搭建鷹架，從而協助學生面對挑戰，以達到下一階段的學習，並發展日益複雜的能力和素養。其他強化和支持激發者角色的教學架構也適用於此。例如，可觀察的學習成果架構（Structure of the Observed Learning Outcome, SOLO）讓教師對成果的複雜性進行分類，進而協助他們評量學生成果的品質（Biggs & Collis, 1982）。最後，教師與學生形成夥伴關係，讓學生對學習的思考和質疑更加清晰可見。教師也能使用有效的回饋歷程，培養學生自我和同儕的回饋能力，以引導學生發揮他們的潛能。

教師為文化建立者

破解激勵的黑盒子在任何教師的教學工作清單上都非常重要。Paul Tough（2016）在《幫助學生獲致成功：有效的策略及其原因》（Helping Students Succeed: What Works and Why）一書中，結合許多不同學科的研究，探討態度和學習環境如何成為預測學生學業成就的良好指標，尤其是那些來自弱勢背景的孩子。他指出，在學生動機的研究中，能傳達出歸屬感、可能性和技能的訊息可以引發動機，且會顯著影響學生努力向上、自我激勵的意願和程度。

處於優勢的學生比較容易對學習做好準備，也通常有較高學歷的父母可以教導他們所需要的態度和技能，這讓他們即使面臨到學習挑戰，也能堅持學習。父母也會指導他們要如何適切回應那些似乎無趣或毫無相關的課程，這提供了相當大的社會資本優勢。

過去，學業成績不良的學生雖然有父母的愛，但這些父母可能不知道如何提供協助，或者因為身兼多職、失業壓力等之故，可能沒有時間、技能或資源來幫忙孩子。在這種情況下，傳統教育方式可能是有害的——無聊、毫無相關、而且不斷提醒他們自己能力的不足。如

果想要讓這些學生成功的話，教師和學校應該幫助他們建立個人的高度期望、學習如何管理自己的學習、透過解決真實生活的問題來進行學習，進而讓他們的學習經驗與世界和文化產生連結，這些才是最重要的。課堂的學習經驗必須讓學生能參與學習，且能顯示他們是有能力的學習者。

Tough（2016）提出，上述這些技能無法透過傳統學校的方式來教授；它們必須來自於我們所建構的環境，才能促使學生持之以恆、能自我控制、進而採取能將未來可能性極大化的行動。要如何營造出培養這些特質的環境是我們所面臨的挑戰。Tough（2016）提出了三種激勵孩子內在動機的建議：歸屬感、自信心和自主性。

教師在創造學習的文化上扮演重要的角色，這樣的文化要能重視學生的興趣；立基於此，讓他們產生歸屬感和連結性。有一些教師會利用晨間會議發展社群和連結、建立規範並形塑文化。還有一些教師會培養學生的領導能力，就像我們在 Glashan 學校所看到的那樣，他們將此作為在中學階段實施深度學習的關鍵。學生扮演決策者和行動者，在改變全校學習的實際工作中，他們的發言權和能動性釋放出來。最後，我們看到深度學習任務的本質能對學生產生內在的激勵作用。因為學生能深入探討真正有興趣、具真實感和更為嚴謹的主題，這會讓他們能持之以恆並取得成功。將自主性、歸屬感和有意義的學習結合起來，就能提升所有學生的能力；此外，越來越多的證據顯示，這樣的結合對以前處於弱勢地位或原本參與度不足、但現在開始茁壯成長的學生來說，也是成功的催化劑。

教師為協作者

教師在與家庭、社區和學生建立學習夥伴關係上扮演非常重要的角色。最新的發現是，教師和學生共同設計的學習經驗要能以學生的需求與興趣為本，且連結到真實的學習，這會影響學生的參與度。在此需要注意的是，協同設計本身並不是目的，而是發展師生關係的一

種機制。這樣的師生關係立基於誠實和尊重，且能深入理解學生的需求、優勢和志向。用很表面的方式與學生共同設計一個跨學科且專注真實生活問題的學習單元是有可能的，我們已看到無數號稱理解世界文化或公平議題、但僅僅只是慶祝當地美食和服飾的表淺教學單元，也有討論恐龍或回收利用這些吸引人卻不夠深入的學習單元。很多時候，看起來「酷」的東西在學習方面其實並不深入。新素養習得的深度才是深度學習的關鍵鑑別指標。有意義的協同設計是要幫助學生建立自我成長的目標，亦即能將素養提升到更複雜的階段。Teresa Stone 校長說：「教師提供架構，而學生來主導。」（personal communication, May, 2017）這種想要讓學生的 6Cs 習得進步到更複雜階段的行動，必須成為驅動學習設計的基石，也才能讓學習更加深入。

很多時候，看起來「酷」的東西在學習方面其實並不深入。

教師作為協作者的第二個層面是要與專業夥伴有更深度的合作。當教師們共同協作，一起評估學生的學習起點、設計學習經驗和反思學生的進步時，他們會更願意公開透明。教學實踐的共同語言和知識建構是變革的強大催化劑，也可作為年級和學科之間以及跨學校、跨地區和全球之間建立新關係的工具。為了相互學習，教師自己能夠做的還有很多，而學校領導者也可以發揮新角色的功用，主動推行有明確目標的協作。

領導者的新角色

在深度學習盛行的學校，領導者會刻意地影響並支持協作工作、學習的文化及其歷程（Fullan, 2014; Fullan & Quinn, 2016）。他們認知到自己無法像教室中的老師一樣，透過干預來控制學生的學習結果，但可扮演「領頭學習者」的角色，安排教師、學生、同儕和家庭彼此間的合作，以邁向深度學習。「領頭學習者」可以用三種方式來進行：自己示範學習、塑造文化，以及極大化對深度學習的關注。

示範學習

　　學校領導者透過積極使用新方法來示範如何學習；他們不僅是調派教師參加工作坊而已，還要與他們一起學習。這種沉浸式學習對建立信任和關係有所幫助，領導者因此更能掌握會影響變革實施的因素，他們知道能讓能力建構產生效果的因素，且能運用適當的資源，協助優先進行此項工作。最後，他們專注於刻意栽培教師領導者以擴展工作。

塑造文化

　　領頭學習者建立不帶價值判斷的文化及信任的環境，以深耕協同合作的工作方式。要做到這一點，他們不僅僅以學習者的角色來參與，還讓大家知道，只要能從失敗中汲取教訓，冒險就是好事。領頭學習者建立協作式的學習結構，規劃、檢視學生的作品並評估學習設計的品質，進而在學校內部和跨校間建立縱向和橫向關係。同樣地，他們從創新實踐中建立了不斷學習的機制，並利用這些知識來調整下一步的作法。在這項工作中，學校領導者和教師們建立透明、創新且具體的實踐模式以及持續改進的氛圍。

極大化對深度學習的關注

　　領導者的注意力只集中在少數的目標上，以培養深度學習和確認成功的表現指標。他們發展一套非常有影響力的實踐來建立教學的精確度，同時確保所有人都能理解這些教學實踐法並持續運用於學習設計和評量之上。教練、小組領袖和支援人力互相協調與配合，讓影響力極大化且達成深度學習。學習領導者能持續深耕協作實踐，並提供足夠的資源，例如協作探究和檢視學生作品的操作指引。深度學習領導者不但鼓勵且支持創新，也協助教師在學生學習投入及學習方面找出最有效的方法。

家庭的新角色

　　我們知道，家庭對學生的成功至關重要，對貧困或弱勢學生更是如此。

家庭由有能力的、有潛力的、好奇的和經驗豐富的個人所組成。家長愛他們的孩子，想要將最好的給他們，他們是子女的專家，對孩子的學習、發展、健康和福祉是最初也是最重要的影響。家庭帶來不同的社會、文化和語言觀點，而家長應該要了解自己的定位、對孩子學習有寶貴貢獻，並且應該以有意義的方式來參與。（安大略省教育部，2014c）

那麼學校和教師如何用有意義的方式讓家庭參與呢？關鍵是要建立穩固的**夥伴關係**。教師及學校要跟家庭建立夥伴關係，所需的不只是雙向交流、親師會議或邀請家庭參與學校活動而已。Joyce Epstein 的開創性研究強調多元連結方式的需求（Epstein, 2010; Epstein et al., 2009; Hutchins, Greenfeld,Epstein, Sanders, &Galindo, 2012），這對所有人，特別是貧困兒童十分重要。就如 Paul Tough（2016）的最新研究指出，極端壓力和童年逆境會阻礙學生在學校的成功，而最佳的彌補工具就是學生所處的學習環境。教師和學校扮演重要的角色，但是只有與家人一起合作，我們才能看到真正的進步。最重要的環境因素與學生所經歷過的關係有關——他們在生活中與成人互動的方式，尤其是在有壓力的時候。學生早年與成人的互動提供他們理解世界的線索，並加強大腦中控制認知、情感、語言和記憶區域間的神經連結。當成年人可以幫助孩子應對壓力，他們也會影響孩子管理情緒的長期能力。

要在這樣一個複雜的議題上取得進展，就需要學校和家庭一起合作，在互信和公開透明的基礎上建立真正的夥伴關係，這意味著轉向聯合共作和參與式決策，並使用數位工具促進與家庭的即時溝通並增強其參與的意願。當我們開始與家長合作進行深度學習時，會發生兩件事情。首先，家長雀躍於能對學生學習有越多越深的參與；第二，家長也渴望能對學習經驗有所貢獻。初期策略顯示了一些好的發展，包括由學生主導會議和展覽的次數增加，他們在其中說明自己的學習內容、方法和表現，並用部落格、推特、Instagram 和其他數位工具來分享所做的調查和學習發現。

社區的新角色

　　課堂與世界之間的界限越來越模糊。越來越多的教師和學生尋求專家幫忙，並與世界各地的學校和資源建立連結，這就要求教師建立更廣泛的網絡，與他們可能不認識的人建立關係，判斷值得學習的事物，並信任創新過程。同時，他們必須培養學生有同樣的技能。正如加拿大一位教授 14 歲學生的教師所發現，即時提供學習鷹架是重要的。

「即時」的學習

八年級教師；加拿大，Hamilton

　　這個班級負責一項真正的任務 —— 為學校設計和建造新的創意遊樂場。學生進行分組，每週召開會議進行設計和監工。其中一項任務包括與當地專家聯繫，以制訂投標的規格，學生們分頭用電子郵件聯繫一些公司。幾天過去了，他們沒有收到任何回覆。教師原先以為他的學生花了大半的時間在載具上，應該很熟悉這種形式的溝通；但顯然，學生需要論說文的寫作能力和製作關鍵訊息的技巧。一旦學生理解建立連結和合作夥伴關係的基本知識，專案就能順利地進行下去，原先沒有回信的社區成員開始深入參與這項工作。

　　地方和全球社區擁有豐富的資源，而學生和教師必須培養能產生連結和建立這些關係的明確技能。第二個例子來自 Tasmania 南部一所農村學校，說明了當學習夥伴關係成為學習焦點時，學生和社區所產生的變化。

為了變革而建立的夥伴關係

農村高中學生；澳洲，Tasmania

　　學校、企業和社區之間的連結對培養學生能力是很重要的，使學生可以成功邁向未來並為社會做出有意義的貢獻。2013 年，Tasman 學區學校看到了一個難得的機會，可以密切參與和國際建築公司

Lendlease 的合作，並加強與當地 Tasman 半島社區的連結。Lendlease 的全球社區和專業發展計畫「Springboard」指定 Tasman 半島為區域社區聯結的下一站，該半島距離 Tasmania 省的 Hobart 約一個半小時的路程。學校和社區參與諮詢會議，確認有不同需求和潛力的領域，包括觀光旅遊、社區領導、志工服務、商務課程和學校基礎建設等。

九至十二年級（14 至 18 歲）的學生從中選擇一個興趣小組，並與社區成員及「Springboard」計畫代表一起合作，而社區成員和全球代表的選擇乃是根據他們的專長技能而來。八年級所有學生都參加了商業課程，這個由學生、學校行政人員和「Springboard」計畫代表所組成的創業團體聚焦在三個領域：永續、服務和企業。

這些專案計畫的結果令人難以置信：以前對學校學習不感興趣的學生帶頭發想社區專案；原先不願與陌生人交談的學生現在可以自信地在有公司總裁和教育部代表參與的數百人面前發表；過去常常彼此發生衝突的學生能夠一起完成專案並籌集資金。最大的收穫是與課程真實的連結且能夠以實際的方式展現他們的理解，現在學生與學校和產業之間形成連結，對於一些學生來說，有成人對他們和他們將來想要做的事情感興趣，就建立了他們追求學業的信心。

我們的學生理解真正的協作內涵，也了解到他們的想法會被認真看待。其中一個例子是一群男孩想要搭建塗鴉牆進行練習。在代表們的支持下，他們編寫一份提案並進行成本核算。現在他們擁有一面由社區成員、學生和國際建築公司 Lendlease 代表所搭建的塗鴉牆。這些學生從建築師和工程師那裡學習如何繪製比例圖、測量和評估場地、為專案材料進行成本核算、下訂單並利用好幾節課建造這一道牆，這種機會只有在工商業跟學校合作時才會出現。另一個例子是 Tasmania 提供給兒童的活動手冊，該手冊是由學校學生和社區成員編纂，當然還有代表們的貢獻。為了獲得支持和贊助，該專案需要學生和許多不同的環境、觀光旅遊以及商業團體聯絡，學生和社區成員也要上課以發展整本書中的活動頁面，然後對廣泛的利害關係人展示他們完成的產品。以上的示例說明，當社區、企業和學校一起共同參與，真正的合作夥伴關係有多麼重要。

這些夥伴關係提供機會，讓大家在陌生的情況下創新和協作，進行批判思考並在充滿挑戰的情況下傳達彼此的想法，同時也培養學生作為世界公民的品格和定位，更重要的是，將全球視野帶到了澳洲 Tasmania。

結語

　　本章描述的新學習夥伴關係是深度學習的一個明顯特徵。學生、教師、領導者、家庭和社區的新角色正浮上檯面。要轉變這些角色需同時改變控制、決策、參與和績效責任等層面。這個轉向代表傳統學校文化的根本性改變。除了學習夥伴關係之外，我們還需要另外三個學習設計的要素——學習環境、數位利用和教學實踐，才最能促進深度學習。學習設計的四個要素一起構成發展 6Cs 的必要教學條件。

Note

教育非生活的準備；
教育即生活。

—JOHN DEWEY

第六章

設計深度學習：
學習環境、數位利用及教學實踐

學習設計

運用四面向的解決方案，也就是學習設計要素（見圖 6.1），就能加速讓 6Cs 在課堂中動起來。實際上，學習設計四要素相互融合且相輔相成。

圖 6.1　學習設計的四要素

如我們在第五章所見，學習設計四要素中的學習夥伴關係可以迅速且大幅度地轉化學生、教師、領導者、家庭以及社區參與深度學習的方式。在本章中，我們將探討剩下的三個要素——學習環境、數位

利用與教學實踐，以及它們如何與學習夥伴關係這個要素一起運作，以培養深度學習經驗。

　　首先，我們必須認知到，唯有重新想像今日學習者所需的理想學習環境，深度學習才會蓬勃發展。

學習環境

　　第二項學習設計要素為學習環境，如圖 6.2。這個要素需要考慮一組決策，聚焦在建立「現代學習『空間』，包括實體及虛擬的空間，但更重要的是文化和關係的空間」（Miller, 2017）。

圖 6.2　學習環境

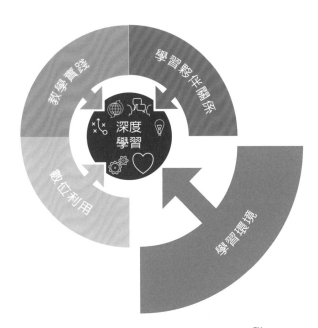

來源：Copyright © 2014 by New Pedagogies for Deep Learning™ (NPDL)

幼兒教育、心理學、認知科學、學校建築和設計等眾多學科領域的研究人員和從業人員認為，學習環境是增強學習的「第三位教師」，能更激發學生潛能，以有意義且具創意的方式回應未來的挑戰，或減少挑戰所帶來的傷害（Fraser, 2012; Helm, Beneke & Steinheimer, 2007; Ontario Ministry of Education, 2014b; OWP/P Cannon Design Inc., VS Furniture, & Bruce Mau Design, 2010）。學習環境中的兩個層面是不可或缺且相互關聯的。第一個層面涉及培養學習的文化，以釋放成年人和學生的潛力，第二個層面處理的是實體及虛擬空間的設計，以極大化素養的習得。

學習的文化

我們該怎麼做才能將傳統的課堂轉變成能培養活力、創造力、好奇心、想像力和創新能力的學習文化？前面我們討論到，滿足學生的基本需求非常重要，這包括自主性、素養和連結（Ryan & Deci, 2017）。相關的發現也指出，當教師建立能促進這些感覺的環境，學生就能展現出更高的動力。在這種環境下，教師刻意地建立歸屬感的規範。在這裡，每種意見都很重要：教師示範同理心，認真且深度聆聽學生的需求和興趣，也會將任務結構化，讓學生感受到自己是個有能力的學習者。在學生有選擇的餘地時，就會培養出自主性；當挑戰稍微超出學生目前的能力時，能力才得以發展（Tough, 2016）。Ryan 和 Deci（2017）得出這樣的結論：隨著學生的能力、自主性和連結性獲得培養，他們的內在動機就會增加。儘管這對所有的學生都很重要，它對弱勢學生的學習卻能發揮更大的作用。培養深度學習的課堂雖然沒有固定的模式，我們卻在邁向深度學習的課堂中，看到一些共同的特點。

邁向深度學習的課堂特點

1. **學生提問**。他們具備追求探究的技能和語言，不會被動地接受教師的答案。

2. **提問比答案更重要**。學習、發現、表達的過程與最終結果同等重要。

3. **多元的學習模式**。教學方法的選擇要能配合學生的需求和興趣，協助學生到達下一個挑戰。

4. **與真實生活的應用有明確的連結**。學習設計不是偶然發生的，而是根據相關性及意義來搭設學習鷹架。

5. **協作**。學生具備在課堂內外進行協作的技能。

6. **學習評量是內建、透明且真實的**。學生能定義個人目標、監督達成成功表現指標的進度、並與同儕和其他人一起進行回饋。（Fullan & Quinn, 2016, p. 97）

在設計階段要提出的問題包括：我們要如何發展學生的尊重、協作、互信的社群、冒險精神、好奇心和創造力，以及學生的想法和能動性？

實體和虛擬環境

如果我們希望學生成為有好奇心、可相互連結的協作者，就需要提供多面向的空間，好為各種大／小型的分組合作提供彈性；要有能進行反思和認知的安靜空間，也要有可進行研究、探究、交流和記錄的動態區域，甚至是公開透明、容易取得的豐富資源。創新的學習環境在全球逐漸地出現。Coachella Valley Unified 這個學區在高貧困社區停放了配備無線網路的巴士，用來增加學生和家庭使用數位資源的機會。在 Derrimut 公立學校，學習空間規劃成不同的用途：學生在需要深入思考事情時，會到洞穴（**caves**）；需要交流或進行合作時就會

到水潭（watering holes）；要分享學習旅程則會到營火（campfires）。只需要一點獨創性和遠見，我們可以在最傳統的空間看到嚴謹而創新的學習；同時間，我們也看到一些耗資新蓋的建築，卻又缺乏善用豐富數位資源的教學方法。

在各式各樣的創新中，重點不在硬體結構本身，而是如何刻意地使用環境來協助學習。

要跨越教室牆壁的壁壘不僅僅是重新設計空間而已，還需要評估我們連結課堂內外的方式。如果我們希望學生能夠到社區、甚至社區以外的地方向專家請益，且能從多元領域中建構知識，就需要找出能串連技能以適當辨別事物的方法，也要找出在多元世界中建立關係的方式。我們發現，當學生投入學習時，他們會開始連結學校內外的資源，而且隨處都可以進行學習。

> 要跨越教室牆壁的壁壘不僅僅是重新設計空間而已，還需要評估我們連結課堂內外的方式。

隨著新夥伴關係的出現、學習不受實體空間的限制，學習環境在文化上及實質上也快速改變。本章最後的示例說明，這種多元且豐富的學習方式連結了世界及傳統課堂內外的學習，也讓學生可以接觸到全國甚至全世界的專家。學習設計的第三個要素──數位利用，就是能建立這些新的連結，開啓無限可能性的強大方式之一。

數位利用

數位世界正在影響生活的各個層面，學校也不例外。儘管數位設備已經在學校存在了數十年，但我們從未真正實現它們的潛能。如圖 6.3 所示，我們從這裡開始描述為了利用數位而使用的決策點，這些決策點跟其他三個要素一起使用時，能夠加速、促進和深化學習歷程。

深度學習設計需要回答以下兩個問題：

a. 在培養學生自主學習時，要如何利用數位技術來促進、擴大和加速學習？

b. 數位提供了哪些變革性的學習機會，而這些是傳統方法無法實現的？

我們以**數位利用**這個術語來取代科技，因為討論的重點不是當今的設備、軟體或應用程式，而是數位是否能促進學習的互動性功能。我們能夠有效利用數位，就可以跨越地理的疆界，促進學生、家庭、社區成員和專家間的深度學習夥伴關係，同時幫助學生在教室內外都有掌控自己自主學習的能力。儘管數位是一個加速器，尚需要將第四個要素 —— 教學實踐結合在一起，才能驅動深度學習成果。NPDL並非關注數位工具本身的複雜性，而是聚焦如何利用數位確實發展深度學習。

圖 6.3　數位利用

來源：Copyright © 2014 by New Pedagogies for Deep Learning™ (NPDL)

知識的取得會不斷地演化發展，不再只侷限於書籍或教師。最近一次去二手書店時，我們有人發現了一套 1980 年代出版的大不列顛百科全書。這提醒了我們，以前我們擔心自己有沒有教給學生研究的技能？他們在進入圖書館後，是否懂得從這些相對靜態的資源中進行選擇？到了今日，教師的角色已轉變成要確保學生在幾乎無限的線上資源中，能夠分辨、批判性評估、發現並建構新的知識。深度學習的重點不是關注最新的應用程式或軟體，而是要廣泛利用數位好讓學習更為完整。過去，我們大多要求學生解決那些已經解決的問題。現在，我們要求學生從知識的消費者變成能在真實生活中解決問題的人。數位世界為我們提供了一套機制，讓我們可以跨越學校的疆界，與真實受眾建立連結，甚至可以擴展到全球規模。

　　教師需要在這些大量的選擇中作出關鍵的決策點，審慎地使用數位，包括媒體，讓其成為學習中不可或缺的一部分。因為數位技能的範疇每天都在快速擴張，我們這裡沒有要把全部的選項都列出來。相反地，我們認知到，在學習設計的過程中，教師需要從眾多選項中挑出最適合的數位形式，同時確保學生不但會使用它，還要能區隔用途，應用到不同的情況，如構建知識、合作、產生作品和分享新的學習等。在操作方面，我們認為學生在這個領域比教師還要先進，他們常常可以帶頭確認以及選出能促進學習的最佳數位技能。

　　對開發中國家和身心障礙學生來說也是如此。改良的技術費用並不高且可以加速影響偏遠社區成千上萬的學生。某種程度來說，烏拉圭的深度學習校群就是該領域一個很好的示例。在過去十年間，烏拉圭整個教育系統透過數位技術取得了大幅的進步。

　　學習設計的最後一個要素是教學實踐。它通常是單獨拿出來考慮的——什麼是目前可用，最佳的教學實踐？但我們的模式將教學實踐融合為四個面向中重要的一部分，如此方能構成整體的學習設計。

教學實踐

在確認哪種教學實踐最能有效達到學習目標和成功的表現指標時，教師必須考慮這四個要素之間的相互增益作用，以及它們如何促成教學實踐的選擇（見圖 6.4）。

圖 6.4　教學實踐

來源：Copyright © 2014 by New Pedagogies for Deep Learning™ (NPDL)

回想一下第三章中，烏拉圭、芬蘭和加拿大深度學習教室的快速掃描，它們都彰顯了豐富的學習經驗。這些學習經驗超越了教室的範圍，讓學生用協作的方式投入學習，還激發了他們的探究熱情。

教師立刻意識到，促進這種新的學習會影響到自己身為教師本身、教學的每個層面以及學習過程；換句話說，企盼和強烈的道德目標——希望我的學生能以這種迷人的方式學習——不僅僅是一種策略

而已，教師還需要知道，如何在不損及學生成功的情況下，漸漸遠離傳統的教案和教師手冊。當我們開始與教育工作者討論 NPDL 時，教師的第一個問題是：「這是否意味著我過去做錯了？」答案當然是否定的。這並不是要我們拋棄已知的知識，而是要以深度透鏡作重新的檢視：哪些在以前就很有效的教學實踐對深度學習是必要的？然後刪除過時無效的教學實踐。如果僅關注不足之處，就永遠不會有成效。相反地，教師需要支持才能選擇出可持續發展的有效教學實踐，而後學習如何注入創新的方法。如果教師想要發揮最大的影響力、利用數位技術並加速學習，就必須在教學和評量實作上培養深厚的專業知識。

正如前面的示例指出，我們看到採納深度學習的教師開始思考如何建立深度學習經驗和豐富的學習單元，這些單元提供了發展素養能力的機會，並經常使用一些像是探究導向、問題導向、專題導向及跨學科的教學模式。這些模式常常要求教師擔任激發者的角色，且要求學生參與選擇並承擔學習的責任。這些實施時程較久的學習經驗通常會讓學生參與真實且相關的問題或模擬，並將學習應用至這些情境中。最常見的是，將選擇權、更有意義的任務還有更多的學生責任結合在一起，就會帶來更多深度學習的參與。如果是這樣，那教師要如何開始呢？

在選擇模式時，教師並不需要從零開始，而是可以借鑒具有豐富歷史的深度學習方法。建構主義、學生選擇權和真實情境的學習都不是新的概念。事實上，長期以來有許多教育者一直在倡導以學生為中心的教學法，且要提供學生有意義、有挑戰性的成長機會。幾十年前，皮亞傑（1966）引入了認知發展的四個階段以及學習者建立理解自我的觀念。Seymour Pappert（1994）的理論奠基於建構主義的概念，認為電腦在以問題為導向的學習裡，是一種理所當然的工具，且可融合統整學習。蒙特梭利（2013）和瑞吉歐方法（Reggio Emilia approach）的理論則建立在對早期教育的強烈信念之上，他們認為孩

子是堅強的、有能力及有修復力、充滿驚奇、深切的好奇心和潛力，這些學習的衝動推著孩子們要了解世界及其自身所處的位置。

教師需要培養能選出適當模式的技能，好讓學生準備好成為終身學習者。學習是一個持續的歷程，現今可用各種型式展現，有實踐社群、個人網絡，以及完成與作品相關的任務。科技的運用正在改變或重塑我們的大腦，以前學習理論（尤其是在認知訊息處理領域）處理的許多過程現在都可以轉移給科技或者由科技協助處理。學習模式不斷地發展，教師因此需要廣泛的教學實踐知識庫，以提供教學上的支持。

圖 6.5 提供豐富的選項，讓教師在設計學習經驗時進行選擇。我們將新的教學實踐描述為**有效教學法與新創教學法的融合體，這樣的融合共同促進了生活中新思維與知識的建立與應用。**

> 我們將新的教學實踐描述為有效教學法與新創教學法的融合體，這樣的融合共同促進了生活中新思維與知識的建立與應用。

全球夥伴關係像生活實驗室一樣地在運作，因此，隨著改進並共同分享新的教學實踐，圖 6.5 也會不斷進化。在實作中，這意味著教師會不斷精進對學習和評量歷程的掌握度。他們需要知道如何搭建經驗和挑戰的學習鷹架，根據學生的需求和興趣進行微調，並透過相關性、真實性，及與真實生活的連結，以發揮最大的教學效果。教師需要一整套廣泛的策略來滿足學生的各種需求及興趣，並且需要掌握已知的有效教學法，如探究為本和問題為導向的學習等。除了這些很基本的有效教學實踐之外，教師還要發展新創教學法的專業知識及評量學習所需的數位技能。面對如雨後春筍般眾多的選擇，教師有多種方法設計深度學習，但首先，教師要能熟悉有效且創新的教學法技能及知識，這樣，教師才可以隨著學習經驗的開展，無縫接軌啟動學習。儘管這聽起來令人望而生畏，但我們發現，教師在分享自己的實踐時，經驗的明確性與開誠布公會讓專業學習和新方法的習得無縫接軌，同時轉化的速度也會愈來愈快。

圖 6.5　有效的教學實踐與新創實踐的融合

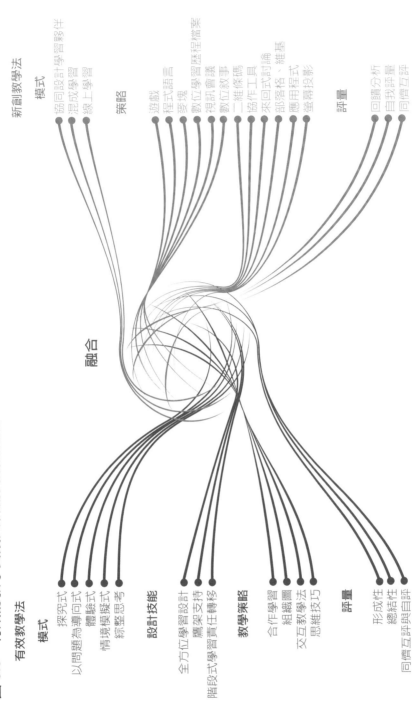

有效的教學法

模式
- 探究式
- 以問題為導向式
- 體驗式
- 情境模擬式
- 綜整思考

設計技能
- 全方位學習設計
- 鷹架支持
- 階段式學習任務轉移

教學策略
- 合作學習
- 組織圖
- 交互教學法
- 思維技巧

評量
- 形成性
- 總結性
- 同儕互評與自評

融合

新創教學法

模式
- 協同設計學習夥伴
- 混成學習
- 線上學習

策略
- 遊戲
- 程式語言
- 麥塊
- 數位學習歷程檔案
- 視訊會議
- 數位敘事
- 二維條碼
- 協作工具
- 來回式討論
- 部落格、維基
- 應用程式
- 螢幕投影

評量
- 回饋分析
- 自我評量
- 同儕互評

來源：Quinn, J. Copyright © 2014 by New Pedagogies for Deep Learning™ (NPDL)

順道一提，有一次很有趣的，我們要對一些評論家作出回應，他們觀察到我們竟然有膽宣稱只處理新的教學法。我們立刻承認，其實教學法有新的也有舊的，而在這兩個類別裡也都有好的跟不好的實作（Fullan & Hargreaves, 2016），在圖 6.6 呈現四個象限。

圖 6.6　新與舊教學法

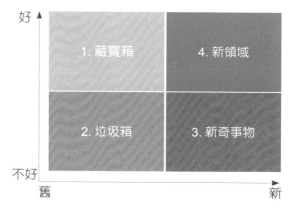

> 無論它們是過去的寶藏還是學習的新領域，深度學習關注的是找到並發展最強大的新與舊教學法。

有好的舊教學法（如建構主義）、不好的舊教學法（如教師不停的講授）、不好的新教學法（如沒有目的性地使用數位工具）以及好的新教學法（如學習夥伴關係）。無論它們是過去的寶藏還是學習的新領域，深度學習關注的是找到並發展最強大的新與舊教學法。

即使如此，教學實踐的精確度仍然是深度學習的重要基礎。如今，在各校和全國，都可以找到探究導向、問題導向和專題導向的學習、整合思維、知識建構和數位創新等等。以下的示例是澳洲 Grovedale West 小學運用探究式的模型進行教學。

澳洲的孩子們為馬來西亞的孩子們建立一個迷你圖書館

一、二年級，Grovedale West 公立小學；澳洲，維多利亞省

　　該校多年來一直致力於使用探究過程精進讀寫能力。在一、二年級，一個小男孩注意到馬來西亞的社區書籍不多且非常昂貴，他夢想著當他回去後要建立一個小型圖書館。教師們設計了一個長期的計劃來實現他的夢想。他們為學生設計出學習經驗，幫助他們蒐集書籍、寫遊說信給出版商、設計並撰寫自己的故事、還組織募款活動來協助支付運送 600 多本書到吉隆坡的運費。**我的迷你圖書館**現已在吉隆坡成立，目前正與馬來西亞教育當局進行協商，希望能建立一個行動圖書館，把書籍送到首都郊區的兒童手上。這影響還會延續。因為該活動，學校已入圍「澳洲勳章協會公民獎」。

　　Grovedale West 的學生清楚說明這些行動如何改變了自己及他人的生活，也清楚說明教師用來促進學習的歷程。

　　這個學習經驗是全校共同設計的。教師使用探究模型，與特定的讀寫策略相結合並引入鷹架，好讓所有學生都可以做出貢獻。教師也使用改良的合作學習方法來建構學生的協作，且運用數位技術與一些專家、企業合作夥伴還有馬來西亞的市級領袖產生連結。教師無法預先做出所有的教學決策，但隨著學習目標變得更加明確，他們可以刻意地從一整套共享的教學實踐中選擇適合的方法，量身打造學生的學習經驗。這種學習經驗設計的動力一開始其實只是來自一位學生的興趣和意見，但隨著更多學生試圖加入並成為一分子時，他們就擴大了學習經驗的效果。

要為學生建立素養發展的路徑，教學實踐這個要素至關重要。正如我們在 Grovedale West 小學看到的，因為學生可以更高程度地掌控自己的學習，新的教學實踐就會開始培養新的關係和互動方式。因為教師開始運用專業知識和新的方式讓學生、家庭和社區一起投入，學習設計的第二個要素——**學習夥伴關係**，也開始不斷發展。

四要素緊密結合

促進深度學習不會只有一種制式的方法。將這四個要素與 6Cs 相結合，就可以幫助成千上萬的教師提出關鍵的設計問題，有目的性地發展學生的學習經驗，讓學習可以被挑戰且獲得延展，進而能對其作深入的探究。

我們的澳洲校群創建了一個模板（請見圖 6.7），該模板可以充當設計的視覺組織圖。

已經有七個國家使用這張組織圖來思考學習四要素的設計，並以視覺化的方式將其結合在一起。這樣的模式自然而然在全球開展，有力地證明了我們的架構可以幫助教師思考。

四要素已為學習設計奠定基礎，並為個人或群體合作的教學計畫提供起點。正如校群負責人所指出，「這有一個優點：我們能討論並確認學習設計的深度、了解自己這一年來的成長、且能說出我們在新教學法底下的四個面向中所處的位置，這就是我們增強實力的方式」（personal communication, July, 2016）。教師如果能清晰理解 6Cs，再加上共同的語言、共同的理解，同時與強大的教學實踐相結合，就能幫助他們辨識出實施中的教學新創。NPDL 越顯精確的學習歷程和成果，為大規模推動深度學習奠定發展的條件。

圖 6.7 深度學習要素組織圖

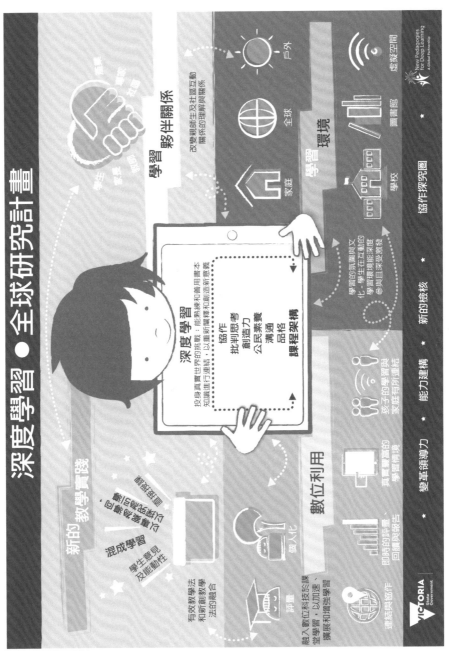

深度學習 ● 全球研究計畫

來源：State of Victoria （Department of Eduaction and Training）

結語

在學習設計中使用 6Cs 和學習設計四要素可為學習提供強大的基礎。夥伴關係（第五章）是我們許多深度學習發展的催化劑，結合自主與協作才能使學習的世界運轉起來。學習是一種社會現象，在數位的世界裡也有越來越多的社交互動。

其他三個要素（學習環境、數位利用和教學實踐）也需融合在一起，且這三者都會不斷地創新。這意味著深度學習本身必須是動態的。我們自己要有一個穩固的設計框架，才能夠產生和進行改變。最後，整個模式設計也都必須奠基於「學習者是未來主要動力」的想法之上：這樣一來，深度學習才會成功。

同時，這些學習者在深度創新之後又提供更多的深度創新。在本章的最後，我們有六個示例，提供一些合作夥伴將四要素和 6Cs 融合在一起的方式，以建立深度學習經驗。

在這些示例中，要透過協作過程，學習的推動才能建構能力並加速將之轉化為未來的實踐。

呼喚清潔小夥伴

「**我們不光只是擔心而已，我們也在解決問題。**」這樣自信的話語出自一個八歲的孩子口中。他和他的同學參加一個戶外跨學科的探究計畫，這個計畫最初只是一個短暫的河流研究計畫，後來演變為一整年的行動方案。

事情是這樣的，學生們在進行河流研究時，發現了路邊的垃圾，然後就決定做點什麼來改善這種情況。因此，他們跟一年級的朋友組隊，一起清理這些垃圾。回到學校後，他們用這些寶特瓶來製作雕塑作品並在學校集會時表達了他們對此的憂心。但這整件事還沒結束！他們想要更了解是什麼原因促使人們亂扔垃圾。因此，他們做了一項調查，走上街頭，向社區成員蒐集資訊。這整件事還是沒有結束！他們的教師 Jen Wroe 跟學生介紹 Google Hangouts、一些紀錄片以及線上生物學家和研究員，她接著說：「學生們發現了要如何將收集到的垃圾數據輸入 Litterati 網站……，然後決定向『為永續的未來而學』（Learning for a Sustainable Future）這個組織申請贊助，經費則用在『千禧年登山小徑』（Millennium Trail）設置標語來教育遊客。這些募款提案，都是學生們自己寫的！」

> 家長：「這是一個向孩子們展示如何參與社區活動以及如何發起變革的好方法。賦權給這些孩子，讓他們不只是『小孩』，而是社區的一分子，可以表達意見。」

家長：「孩子們能真正看到他們的行為如何為城鎮和環境帶來真實的改變。這些技能會讓他們成為更堅強，更盡責的成年人。」

接下來，他們決定向市政府的公園及休閒娛樂部門提出他們的擔憂，每個學生都準備了一張相關訊息的投影片，這時候市長知道了這些孩子的事情。他邀請學生向市議會報告並發起媒體活動，再接下來，學生們跟當地一個十一年級的媒體課程合作，為市議會設計海報。此時已是六月了。

深度學習是一個持續的過程，正如這些三年級學生所展示的，它可以為世界作出真正的改變。

三年級   來源：Jen Wroe at Queen Elizabeth PS，Renfrew County

失敗是學習開始之處

　　Andrew Bradshaw 教師提出一個有趣的問題。他的十二年級工科學生一心想著要成功，卻犧牲了自己的學習；他們追求成績，而不是擁抱創造力和更深刻的理解。Bradshaw 說：「創造力在工程過程中經常被忽視……對工程學科的學生來說，他們放棄創造力，只為了追求『安全』、『可以得獎』的作品，還有眾所皆知可以拿到好成績的方法，而這樣是非常危險的。」

> 學生：「失敗不應該是終點，而應該是學習的開始。」

　　因此，在短短的兩週內，Bradshaw 對學生設下了挑戰，以創造力、品格和批判思考為焦點：他們必須運用自己的技術專長和創新思維來開發新的相撲機器人方案，其價格不可高於 10 美元。學生必須自己設計、取得材料、自行組裝並寫程式，而後相互較量。

　　Bradshaw 向學生介紹了創造性思維理論，然後他們共同制定成功的表現指標，其中包括冒險、節約資源、建立基本原理以及反思學習。在 Bradshaw 的指導下，學生學會如何管理時間並建造了機器人原型。社區的工程合作夥伴也跟學生一起工作了好幾回。

> 學生：「這個挑戰對有創造力的人來說，提供了絕佳的機會表現，但對沒有創造力的人而言卻是一次恐怖的經歷。」

　　Bradshaw 解釋說：「毫無例外地，所有學生都喜歡這個計畫……他們喜歡將垃圾轉化成有功能的零件。他們喜歡可以隨意設計的自由，不被我課堂上提供的東西侷限住，而這也是我喜歡的層面。」

同樣地，學生也學會了在有限的時間和資源下發揮創造力，這是工程師會遇到的現實問題。也許最有啟發性的反思來自學生 Erika，「這個挑戰對有創造力的人來說，提供了絕佳的機會表現，但對沒有創造力的人而言卻是一次恐怖的經歷。」學習過程中的關鍵部分，是讓風險和失敗變成一件再正常也不過的事，失敗其實就是學習開始之處。

十二年級電腦工程　　　　來源：Andrew Bradshaw at Stratford Central SS, Avon-Maitland

好奇心是一種本能

兩名教師著手嘗試用新的方法，與他們的 12 歲學生一起共同教授生物和讀寫技巧。學校附近就有一片森林，他們指派學生以下的任務：選定森林中的一小塊區域對其進行為期一段時間的研究：學生要做筆記、拍攝照片、測量觀察，也要用數位的方式撰寫觀察日記。

以這個戶外學習任務來說，使用科技是很自然的。學生用二合一 Surface 觸控筆電來記錄他們蒐集到的資訊，並用 Skype 採訪外部專家。學生得到了新的知識和學習成果，用 OneNote 和 Sway 軟體展現學習成果。

> 教師：「課程在沒有老師的干預下進行。我只提供建議並激勵學生。」

學生的見解不是從教科書得來的。他們靠著在樹林中開創出自己的小空間並對其進行一段時間的研究，開始注意到生活在其中的微型奇觀——樹木、昆蟲、土壤、動植物、季節變化，以及氣候變遷的影響。他們正在學習用新的眼光審視這片曾經熟悉的森林，並更加理解居住在其中的脆弱物種。透過這個經驗，學生習得了品格、公民素養和批判思考這些素養。

不是只有學生對自己的觀察感到驚訝。教師們注意到，當他們把責任下放，並提供學生選擇時，學生就能茁壯成長。正如一位教師所說：「看著孩子們自力自強、熱情地工作，是很愉快的一件事。」好奇心是一種本能，而深度學習是自然而然發生的。

> 好奇心是一種本能，而深度學習是自然而然發生的。

來源：Moison Koulu and Tommi Rantanen in Turku

七年級

減輕負擔

我們都知道教師的工作量，有時這種工作量就如字面所述，指的是實體的重量。教師每天都需要同時攜帶 iPad、書籍和各種材料，穿梭在不同的課堂，或是從車子移動到辦公室。在 Sacred Heart 小學，教師把這件討人厭的事情交給了學生的創新思維，挑戰學生用小組的方式創造一個必須附有輪子的新發明，好能夠更有效管理自己的東西。

首先，教師們製作了一段幽默的影片點出問題所在，然後邀請學生參加設計挑戰賽。接下來是「輪子日」，讓學生埋首於與輪子運作有關的理論和實踐中。學生們研究了推進系統、能量傳遞和橡皮筋機制。他們還參加了 QR code 搜尋活動，以了解更多跟貨物運輸安全承載量有關的資訊。

學生用混齡和能力異質的分組方式共同設計他們的解決方案，專注用批判思考的方式分析彼此的想法和計畫。他們的父母也參與合作，幫忙找出狀況還很好的二手材料供學生使用，如舊的嬰兒車和輪帶。學生和家長一起打造並測試創作原型。學生必須向教師展示最終的發明，解釋發明背後的想法以及對學習過程的反思。

真實生活中的設計挑戰無處不在。當我們提供學生解決實際問題的機會時，它不僅可以激勵學生、引起共鳴，還可以減輕教師的負擔。

家長：「老師們為孩子們設定的挑戰是一次很棒的學習經驗——我兒子回家時分享，這是他有過最棒的經驗。」

教師：「我們翻轉了學習，讓學生來教我們，讓我們知道他們的發明是如何運作的。」

三至五年級　　　來源：Olivia Currie、Kath Clark at Sacred Heart.

重新思考「給予」

誰不喜歡睡衣日？
Waimea Heights 小學社區多
年來一直享受睡衣日，以至於
它已經成為學校文化的一部分。
不知在什麼時候，大家已經忘了為什
麼每個人要穿著毛毛拖鞋上學。教師想知道學生是否
真的有意識到世界上其他人的需求以及付出的重要性。

> 學生：「這是真實生活中的議題，而非只是學習單。」

> 學生：「這顯示了，有些人必須加倍努力，才能過我們每天日常的生活。」

因此，學生們試圖更理解貧困——其成因、普遍
性以及一些解決方案。經由使用數位科技並與合作夥伴
建立連結，他們學到有關微型金融、群眾外包（crowd
sourcing）這些概念，以及這些微型貸款可以如何改變生
活。只要募集 25 元美金這麼小的金額，學生就能將這筆
錢貸款給世界上任何地方的新創產業，而他們的貸款被
歸還後，可以再拿來贊助新的貸款、可以捐出去，也可以取回這筆錢。

這激勵了學生忙著規劃各自的計畫，好能募集到 25 美元甚至更多。
這些計畫必須展現出原創性、成本效益和獨立性。有一組學生選擇在社
區製作銷售自製果凍；有一個學生在當地醫院設置了捐款箱，並發明一
個口號：「用你的零錢（Change）帶來改變（Change）」。還有一組學
生自己種向日葵然後銷售。當募款計畫一啟動，學生就去研究微型貸款
的要求，並對募集到的錢要用於何處作出了明智的決定。有一位學生對
此學習進行了反思：「我們很高興知道，把錢借給那些幾乎沒辦法購買
食物和淨水的人，是什麼樣的感覺。這個學習經驗也要求學生提出自己
的想法和計畫。為了達到目標，他們還必須執行自己想出來的計畫。」

這種深度學習策略讓每個人都停下來反思。正如一位教師所說：
「我們正在重新思考我們付出的方式。」

來源：Pip Banks-Smith, Philippa Clymo, Peter Illingworth, Lynne Murray and Emily
Roberts at Waimea Heights Primary

五至六年級

巧克力也可能是苦的

在 Livingstone 小學，學生們了解到世界經濟學並不總是那麼美好。經由模擬、線上研究、課堂討論以及樂施會（Oxfan）等演講，學生探索了公平交易、自由貿易慣例的問題及這些對巧克力產業工人的影響。當孩子們發現了嚴酷的現實時，他們選擇採取行動。

他們決定每組選擇一個組織進行徹底的研究，然後再寄信給這些組織，而他們直言不諱。一位學生寫到：「我們很驚訝您這樣知名的企業沒有遵循公平交易慣例。」另一個人驚呼道：「我對住在孟加拉和非洲的人們承受了這麼多可怕的事而感到震驚！這必須停止！」還有一個孩子抨擊：「您竟然只庫存僅僅十一個公平交易項目，這真是太可悲了吧！」12 歲的孩子如此熱情！但他們在學什麼呢？

在反思中，學生們分享到，像這樣的真實任務增強了他們整體的參與度以及溝通和批判思考的技巧。一位學生說：「使用 SOLO 地圖對我很有幫助，因為它可以幫助我了解我漏掉了哪些資訊……對我來說，思考信中的措詞是有挑戰性的，但最終，我很滿意自己寫作的方式。」另一位學生則反思：「我發現要找到可靠的網站是另一件很有挑戰性的事情，因為所有巧克力品牌網站都希望給人留下很好的印象，他們都說自己的目標是要成為公平交易品牌，但事實上他們都做得不太好。」其他學生重視同儕的支持，並承認協作能夠支持學習歷程。

學生：「我對住在孟加拉和非洲的人們承受了這麼多可怕的事而感到震驚！這必須停止！」

學生：「學習時，我重要的合作夥伴是同儕……他們使我更深入思考論點，這些論點在我們撰寫《公平交易》信時幫助很大。」

誰想得到，巧克力可以在深度學習課堂中促進 6Cs——公民素養、品格、溝通、批判思考、創造力、協作？

來源：Jessica Morgan, Alee Cole, Caleb Webb, Jessica Burke, Zahara Forte, Alicia Wallwork, Claire McCubbin and Ryan Forte at Livingstone Primary

五至六年級

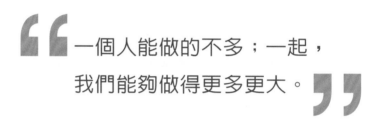

一個人能做的不多；一起，
我們能夠做得更多更大。

—HELEN KELLER

第七章

協作是關鍵：改變實踐的探究

培養協作與能力

在推動深度學習的所有條件中，協作是一切的核心，但這並不代表協作本身就是目的（人們可以有協作但卻一無所成，或者用了協作卻做出錯誤的事）。深度學習涉及創新、也涵蓋高度聚焦且具體的新實踐，因此它需要方法才能發展並處理良好的想法。如果教師想要快速轉向使用教學新創，就需要與他人合作，以便在他們原本的那一套教材教法中確認何者是有效的教學法，並推動新的思維和創新的實作。Ial Mehta（2016）在近期一份有關高中深度學習的研究中指出：

> 有這麼多跟 21 世紀技能和深入學習有關的討論，你可能會認為我們已經進入了一個新的時代。在這樣的時代，進行這種教與學是普遍的，非屬少數，但這與事實相去甚遠。我們希望有一天可以進入一個新世界，在這個世界中，有一個更大的系統來激勵和支持深度學習，但我們目前無法生活在那樣的世界。這意味著，用能促進所有學生深度學習的方式進行教學是一種顛覆性和反主流文化的行為。

總會有不一般的教師，也就是先驅者，能夠超越系統並創造零星的卓越成就。儘管如此，令我們感興趣的卻是如何幫助大量教師，最終幫助學校、學區所有的教師，都採用促進深度學習的教學新創。我們不能依靠個別的教師扭轉局勢，需要能推動整個學校、學區和系統的整體方法，讓他們重新思考教學實踐，並提供反思和行動計畫的模式。

> 我們不能依靠個別的教師扭轉局勢，需要能推動整個學校、學區和系統的整體方法。

透過為教師和學生型塑學習的文化，學校開始朝著落實深度學習的方向發展。如果教師和領導者沒有深度思考，就不太可能為學生創造這些條件。正在深耕學習的文化以及積極發展 NPDL 的學校和學區，可以懂得使用多樣性策略來建構組織能力。

> 如果教師和領導者沒有深度思考，就不太可能為學生創造這些條件。

培養學習文化的策略

- 建立促進教學實踐透明度的規範和關係。
- 在使用以研究為導向的教學策略時，建立共同的語言和技能。
- 建立有目的性的機制，以確認及分享創新實踐。
- 不斷提供教師機會、回饋與支持，以利建構其自身運用 NPDL 的能力，包括知識和技能。

何謂能力建構？

我們在十多年前開始使用**能力建構**這個詞，意思是要讓課堂、學校和系統發生長期實質性的改變，這需要的不只是專業上的學習而已。**能力**指的是個人和團體為實現某些價值所必須具備的技能和素養。因此，要推動和維持全系統變革，包括：

- **集體能力**，我們將其定義為系統內各個層級的教育工作者都有越來越好的能力，能做出必要的改變以改善結果。

- **能力建構**，其定義為：個人及組織培養知識、技能和投入的過程，以達成更好的成果。

能力建構仍然是個廣義的用語，重要的是，學校和學區必須評估自己的起始點，然後精準地確認他們所需要的能力建構內容。對想聚焦在持續改善及創新的組織來說，**一致性架構**的四個組成面向可以提供該組織必須發展的技能和知識。

能力建構的四個面向

1. **變革領導力**：建立不同群體的共同關注點、策略和投入。
2. **協作**：發展連結關係，以及「從做中學」的學習文化。
3. **教學法**：提高教學實踐的精確度，以深化所有人的學習。
4. **評量**：提升辨識證據，監督進度及檢核影響力的技能。

　　需要有持續性、多面向的方法才能轉化教與學的歷程，達成能力建構。這樣的能力建構可培養學習的文化，同時也發展和實踐新的技能、知識和態度。在我們的深度學習工作中，各個層級 —— 課堂、學校、學區／校群以及全球 —— 都有促進能力建構的機會，這些機會包含：

● 針對一整套工具和歷程，發展共同的知識與理解，用於設計及評估深度學習。

● 能提供多天課程的制度，以沉浸於深度學習的不同面向；還有全球深度學習實驗室，將區域和全球的實施者、專家聚集在一起，以分享他們的專業並建立新知識。

● 深度學習資訊交換中心是溝通、協作和資料蒐集的平臺，儲存教師創建的深度學習經驗資源和示例。

　　支持學習的選擇與取得方式非常多元，其目的在於滿足各式各樣的需求。所有方法都有一個關鍵特徵 —— 善用協作學習來擴大及加速學習 NPDL。在前面的章節中，我們概述了全球素養，它們是深度學習的核心，也描述了可促進其發展的四個要素。本章聚焦在一個非常有效的過程 —— **協作探究**，這是我們全面性能力建構方法中的一部分，用來發展深度學習。協作探究可以幫助教師、學校和學區去檢視當前學習的模式、實踐和假設，並設計建立能夠支持深度學習蓬勃發展的系統條件。雖然 NPDL 的每個層級都能使用這個歷程，本章的重

點放在協作探究所扮演的重要角色，它能改善學校和課堂中的學習設計以及評量歷程，如圖 7.1 所示。

圖 7.1 支持學習設計的協作探究

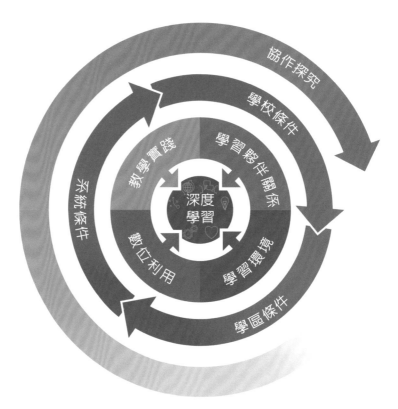

來源：Copyright © 2014 by New Pedagogies for Deep Learning™ (NPDL)

協作探究過程

什麼是協作探究，為什麼如此重要？

協作探究是一個歷程——透過同事的共同參與，檢視目前的教學法及假設，以研究教育工作者在專業上的想法與問題。因為協作探究

促進了專業學習，也同時直接改善了學生學習，這個歷程對變革來說，是非常好的策略，也因而受到矚目（Comber, 2013; Ontario Ministry of Education, 2014b; Timperley, 2011）。協作探究不僅是解決問題及改善個人實踐的方法，也是一種系統性的方法，運用學生學習的證據建立能進行協作探究的學校團隊，並產出可應用的共同專業知識。最後，雖然學生和學生作品是協作探究的重點，我們發現學生越來越能在整個探究過程中扮演夥伴的角色，慢慢開始能夠參與和確認自己想探究的領域、擷取學習的證據並評量學習，最後成為自己學習經驗的專家。因此，協作探究是一種強大且實用的能力建構形式，為成年人提供一種深度學習的模式和體驗，反映出我們希望成人能與學生一起共事。參與這個協作探究歷程會讓教育工作者對新的學習採取開放的態度，並使他們共同努力，聚焦於專業學習。

　　NPDL 在不斷發展的協作歷程中支持著教師和學生，以型塑深度學習經驗，同時提供方法評估學習的進度並為未來的學習經驗提供資訊。

　　修正過的協作探究歷程如圖 7.2，有四個簡單的階段（改編自 Deming Institute, n.d.）

圖 7.2　協作探究歷程

評估目前的優勢與需求

設計變革的策略

實施策略，使用形成性評量數據進行監督與調整

檢核、反思與改變，使用過程中蒐集到的證據以評估是否成功，並作為後續步驟設計的參考資訊。

來源：Copyright © 2014 by New Pedagogies for Deep Learning™ (NPDL). Retrieved from www.npdl.global/Deep Learning Hub.

我們檢視以下兩者，它們在修訂過的協作探究歷程中協助 NPDL 夥伴的實踐產生重大的轉變：

1. **學習設計**：以協作的方式設計學習經驗。

2. **相互校準**：以協作的方式評量學生的成長並評估學習設計品質，以促進深度學習。

協作學習設計

當教師在校內外都能進行協作，同時擁有協作時所需要的操作指引、示例以及工作流程，深度學習設計就會加速發展。無論是用實體或虛擬的方式，和那些與你有共同目標的人建立連結，將有助於問題解決且能讓自己堅持新的作爲。如果教師們共同關注深度學習，且刻意地分享實踐，這會產生集體認知，進而知道自己並不孤單。

設計深度學習經驗的協作過程可分爲四個階段。

協作設計深度學習經驗

第一階段：評估

第一階段評估學生目前的學習狀況、思考課程的期待、並基於學生的興趣建立學習目標及成功的表現指標。**學習目標**的建立本於評估學生的需求、優勢強項、興趣、及對六個全球素養指標的精熟程度。**成功的表現指標**是學生達成學習目標所需的證據，教師依此運用多種評量方法檢核學生理解與技能的發展程度。

第二階段：設計

階段二涉及學習經驗的設計，目的是協助學生投入學習、習得素養能力以符合學習目標與成功的表現指標。這個步驟包含選擇最有效的教學法、考量所需的學習夥伴關係、發展營造能促進學習文化的環

境，以及使用數位工具來強化學習成效。其他同事和學生的想法能激發教師更多的想法，當大家一起合作完成這些學習設計時，便可提升創新程度。合作初期可能會花較長的時間，但教師會發現這些操作指引能幫助他們聚焦於重點，且在幾次設計經驗之後，彼此在專業上有所成長、也更能創新。事實上，學習設計工作的分工還可以為彼此省下時間。

第三階段：實施

在學習經驗中，教師監督學習、依需求提供鷹架、提問、並指引學生進入更深層的發現之旅。例如老師可以問學生：「學生的學習狀況如何？」、「我有什麼樣的學習證據？」、「學生接下來需要什麼才能深化學習？」在這個階段，教師們可以觀察彼此的課堂，或者依特定任務、興趣進行跨班的分組以共同分擔責任。學生發展互評與自評的技巧，甚至可以開始主導學習，正如一位教師所分享，「我以前認為讓學生主導學習很可怕，但現在我覺得它是一種最有價值的方法，能為學生創造真實的學習，這讓他們擁有學習的主導權，並發展新的方式來學習、分享，及創造想法與點子。」

第四階段：檢核、反思與改變

在過程的最後階段，教師共同記錄學生的學習狀況。他們從學生的成果及表現蒐集正式與非正式的評量證據，從較寬廣的範疇進行考量，評估學生在學術內容以及六個全球素養方面的成長。學生的學習數據可納入接下來的學習循環，並提供豐富的資訊給下一階段的學習設計。

擅長使用協作探究的人認為這個歷程是一種思考工作的方式，而不是與一般工作切割開來。跨年級、跨科、跨校甚至全球團隊共同分享學習設計，讓教師對學習的各種可能性有鮮明的想像。教師並非把這些**學習經驗的示例**當作可直接複製的教案，而是將它們視為催化劑，用來思考如何深化學生學習。

全球夥伴關係中一個令人興奮的進展就是發展出全球性的挑戰。全球性挑戰提出的問題或探究是眾多學習者都感興趣的，並邀請各國的教師和學校參加。學生必須在相同的時限內產出成果，他們懂得使用數位平臺產出想法並反覆來回討論想法。為了解決共同的挑戰，學生絞盡腦汁找出創意，過程中，同時也需考慮各國的不同觀點和情境脈絡，因而可激發有意義的對話、深化知識學習，並培養他們的批判思考能力。請見表 7.3 的設計提示，此為最近一次執行的深度學習任務：聯合國兒童權利。

全球的學生和教師都接受了這個挑戰。2017 年 5 月的**深度學習實驗室**，有 400 名教師和領導者參加，大家在推特上分享了他們的作品，教師、領導者和學生之間的這種連結令人印象深刻。我們看到深度學習的語言已經跨越了國界，因此學生和教師可以用實體或虛擬的方式交流，進行具有影響力的深度對話。這種正向的氛圍像野火一樣，助長了想法的快速傳播。在接下來的幾頁中，承續表 7.3，我們截取了一些學生用推特發文展現的作品，一窺學生對人類懷抱的熱情。

表 7.3　全球深度學習任務：聯合國兒童權利，加拿大

<table>
<tr><td align="center">**全球深度學習任務：聯合國兒童權利**

#NPDLchildrights

任務目標及描述
　　你跟學生受邀參加一個全球深度學習任務，同時，你國家／學區的領導團隊也正在參加 5 月 1 日至 3 日在多倫多舉辦的深度學習實驗室活動。學生跟與會人士將有機會參與一個線上協作對話，其主題為：學生與全球化的相關性。

大概念
　　我們生活在一個複雜、相互連結且不斷變動的全球社群中。我們希望這個社群能受到聯合國發起，不可剝奪的「兒童權利」所規範。</td></tr>
</table>

給學習者 / 學生的任務說明

　　根據自身的知識和經驗，選擇一項（或多項）你認為對全球青年的安全、成長和發展至關重要的權利，分享對該權利的理解及想採取的行動，以確保在你身處的城鎮 / 城市 / 國家或全球情境裡，這個權利獲得認可並受到支持。

平臺

　　全球 NPDL 推特貼文將於 5 月 1 日上午 8 點（美國東部標準時間多倫多）開始，為期三天，以配合參與國的不同時區。參與者在推文時要加上 #NPDLchildrights 這樣的主題標籤，推文可包含但不限於以下型式：學生影片、網站、部落格貼文、計畫、手工藝品、藝術品、討論等的網址。

給教育工作者 / 學習者 / 學生的說明
前置作業（5 月 1 日前）：
- 在推特貼文開始前，教育工作者應與學習者一起，視情況需要審視以下的文件：
  - https://www.unicef.org/rightsite/files/uncrcchilldfriendlylanguage.pdf
  - http://wwwyouthforhumanrights.org
  - 繪本的網址：https://www.unicef.org/rightsite/files/rightsforeverychitdpdf
  - https://www.unicef.org/rightsitelfilesIFrindererklarfrlllpdf （兒童程度的法文）
- 學習者要持續理解聯合國發起的兒童權利，並對其制定行動計畫，該計畫必須是自身可執行 / 最相關 / 最適合的。
- 學習者要創建一個可行的行動計畫，透過 #NPDLchildrights 這個主題標籤，分享深度學習實驗室活動中的即時推特貼文。貼文可包含但不限於以下型式：學生影片、網站、部落格貼文、計畫、手工製品、工藝品、討論等的網址。

活動期間（5 月 1 日至 3 日）
- AMDSB NPDL 領導團隊將審核來自全球各個 NPDL 校群學習者的推特對話。學習者可以用 #NPDLchildrights 這個主題標籤分享、討論彼此的想法和行動計畫。
- 即時的推特聊天期間，透過回應 #NPDLchildrights 這個主題標籤，鼓勵參與者提問、挑戰和讚揚彼此的貢獻和學習。
- 活動開展時，鼓勵多倫多深度學習實驗室活動的參與者使用 #NPDLchildrights 這個主題標籤，為推特即時對話做出貢獻。

- 在深度學習實驗室活動中呈現大概念／相關聯的主題。
- 鼓勵參與者在最初的推文中將各自的國家、學校和年級等資訊涵蓋進來。

多倫多深度學習實驗室活動結束之後
- 在對話之後,鼓勵參與者至少完成計畫中的一項行動,並透過 #NPDLchildrights 這個主題標籤,用推特聊天的方式,持續與全球其他學習者進行協作。

NPDL 進程／向度的連結

批判思考	溝通	協作	創造力	品格	公民素養
協作的知識建構	數位利用	具備社交、情緒及跨文化的技能	力求提出新穎的想法和解決方式	自我規範與學習的責任	為了造福人類,解決真實世界中模稜兩可且複雜的問題

教學實踐	學習環境
• 依據學生的興趣與需求設計任務 • 學習是個別化的 • 學生的選擇融入在任務設計中 • 持續不斷的協作機會 • 任務是真實的(依據真實的問題、真實的疑問) • 運用數位科技的創新策略 • 清楚的學習目標 • 清楚的成功表現指標	• 任務能納入學生的意見 • 任務需要有目的性的學習夥伴關係 • 任務能考量學生的興趣與需求 • 學習是互動的 • 學習環境是真實的 • 學習環境包含虛擬的元素
學習夥伴關係	**數位利用**
• 任務需要有目的性的學習夥伴關係 • 任務能確保學習夥伴間的公平性 • 所有學習夥伴都有清楚透明的學習目標 • 所有學習夥伴都有清楚透明的成功表現指標	• 數位工具能使協作更有效率與意義 • 數位工具用來分享新知 • 任務需要使用數位工具

來源:Design by Avon Maitland School District,Ontario,Canada(April 2017). Thanks to the staff of the Avon Maitland District School Board.

用 #NPDLchildrights 這個主題標籤，兩名學生在屋頂瓦片上做出與童工有關的塗鴉筆記。

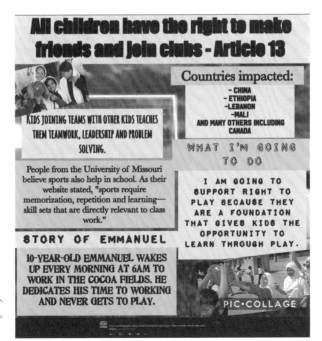

倡導兒童加入社團、交朋友的資訊圖表。#NPDL childrights

我的行動計畫是要聯繫國會議員，幫助孩童免於被綁架。

我們的團隊為第一民族（FNMI；First Nations Metis Inuit）建造濾水器，過濾水源中的汞。
#NPDLchildrights @ocdsb
@TheGlobalGoals

不應將學生抽離其家庭。
#NPDLchildrights

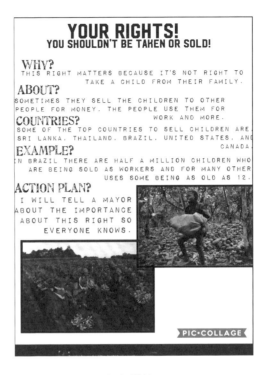

Madison、Miranda，你們有權擁自己的名字；你們有權擁
有自己的國籍。 #NPDLchildrights @scdsb

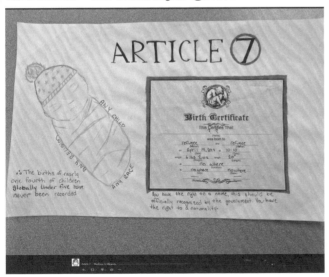

每個孩子都有權擁有身分。
#NPDLchildrights
#kirkkonummi #veikkolankoulu at Kirkkonummi, Suomi.

　　就像這個全球挑戰一樣，教師和學生使用深度學習素養去定錨
深度學習經驗。而後，教師所分享的學習設計和學生作品就被我們當
作示例。當共同的語言和理解能夠指引工作的方向，且可作為創造更
多深度學習的催化劑，這些示例的產出也就更具豐富的意義。在第五
章和第六章中，檢視學習設計的四要素能引導教師在學習環境中創造
新的夥伴關係、教學實踐和數位利用，以加速及擴大學習。探究的下
一個階段是用協作的方式審視學習設計的成果，並在相互校準的歷程
中，為後續步驟做出決策。

協作評量

檢核、反思與改變是協作探究過程的第四階段，雖強而有力，在日常實作中卻最常被忽略。協作的時間不多，比起深入探究學習品質，有時直接給分是個權宜之計，畢竟有意義的專業對話需要技巧與知識。不過我們看到，在協作評量學習設計、學生作品及表現的過程中（稱之為**相互校準**），我們可以深入理解學生學到什麼，也讓我們對進程的一致性建立專業的信效度。這個過程最大的功用就是對學習進行專業的討論和分享有效的策略，並為下一階段的學習做準備。這種專業討論會產生新的知識，也是改善實踐的催化劑。簡而言之，相互校準是用來檢視以及改進教學實踐的策略。

在 NPDL 中，我們運用相互校準的過程讓各個層級的教師、學校領導者以及 NPDL 領導團隊都能投入專業的對話，聚焦於深度學習的設計、實施、檢核及成果。教師針對某一個選定的深度學習經驗進行設計、實施、評量和反思後，就有機會收集並分享這些示例。**深度學習示例**是我們學習設計、實作、評量以及成果的示例，用來描述深度學習發展的方式以及執行時的樣貌。

> 此歷程的優勢在於跟學習有關的專業討論，以及有效策略的分享，這些為下一個階段的學習做好準備。

這麼做的目的是為了發展深度學習共同的語言和理解、深度學習的設計、成果和新的教學法，以最有效的方式培養所有學習者的全球素養。相互校準歷程為教師和領導者提供了在當地情境下可使用的深度學習示例。

相互校準有三個不同的層級：

● **學校**：教師彼此分享**深度學習示例**後進行專業對話（相互校準），討論這些示例如何展現並培養深度學習。

● **校群**：一旦學校選出自己學校最好的深度學習示例，並分享給校群或學區團隊，校群、學校領導者和教師們會一起進行

類似校準的歷程，以選出校群或學區中最好的深度學習示例。而後，將這些示例提交至全球層級進行相互校準（進一步的協作評量）。

● **全球**：全球的相互校準是一個為期數週的歷程，在這個過程中，國家級的領導者和教師們組成小組，投入教學新創及深度學習的討論，並檢視提交上來的深度學習經驗。經由全球層級校準過的示例就可分享到整個 NPDL 系統，甚至是更廣泛的教育社群。我們將在第九章討論更多有關全球校準的細節。

讓我們來看看學校內的典型歷程

學校內建立信任和透明的文化是讓相互校準得以順暢發展的關鍵。有好的操作指引、教師和領導者間有成熟的學習夥伴關係與學習的文化，就能讓相互校準易於施行。形塑信任和透明的文化時，建立共享的規範則是重要的方法之一。以下的四個規範可幫助 NPDL 學校啓動、協助、加速運用協作探究，及進行相互校準的歷程。

加速協作的四個規範

1. 假定教師已經提出當下最好的想法。
2. 假定所分享的示例無法涵蓋學習任務所有的細節及其背後的脈絡。
3. 勿遽下判斷，因為我們難以得知任務執行的前後，在班上發生的所有事情。
4. 我們都需要採取一種學習立場。

如果教師要選擇一個深度學習經驗讓同事可以進行相互校準，就必須提供大略的學習目標、成功的表現指標、所選定的全球素養，及欲使用的教學實踐；教師接著可詳述應用四要素的學習設計，敘明所選擇的教學實踐、學習夥伴關係的類型及這些關係的發展方式、課堂內外的學習環境，以及如何運用數位科技來促進或擴大學習。而學習

歷程包含了學生作品的示例與評估學生進程的多元方法。這些專業經驗可由同年級的團隊，或高中的某一個部門，抑或是跨年級或混齡的團隊共同完成。

教師運用操作指引來建立準則就能引導討論的方向並節省時間。提供提示詞和句子的起始字能促進公開的分享及更積極的投入（見表7.4），而人們會從這些分享中獲得信心，這一點尤為重要。

表 7.4　協作評量的操作指引（相互校準）

正向行為的提示詞	句子起始字的提示詞
• 提出問題，以揭露和延伸你的想法並確認他人的想法。 • 暫停一下，讓其他人在做出回應前有時間反思。 • 分享你的想法、推論和所知的事實，同時知道自己在此過程中可隨時調整自己的想法。 • 提供具體與明確的參考資訊以支持你的想法。 • 能分辨原始資料和詮釋。 • 假定小組成員和教師都有分享的正向意願。	我看到……的證據。 我注意到……而且看來似乎是…。 我感覺到的是……。 我在尋找更多……的證據。 或許可以用另外一種方式考慮一下……。 我正在探索的假設是……。 基此，進一步來說的是……。 看了……，我認為。 這個示例讓我對……好奇。 當我看到…時，讓我一直思索的是……。 （Gardner, NPDL presentation）

來源：Adapted from Gardner ,M.(2016).Retrieved from www.npdl.global/Deep Learning Hub.

在檢視成果的四個步驟中，參與教師運用正向行為的提示詞來引導對話。

步驟一：所有參與者各自獨立檢視學習設計和學生的作品，使用工具及評量規準來評量學生學習的進度及學習設計的品質，並評量學習設計如何促進 6Cs 的習得。

步驟二：參與者討論學習設計，也會對學生作品和評量規準中多樣的證據來源進行討論。運用四要素（學習夥伴關係、學習環境、數位利用和教學實踐）一起評量學習設計及學生的進步，並透過小組討論的方式達成共識。

步驟三：教師在檢核學生作品和評估進程後，可將數據資訊回饋給學生，讓他們知道接續的學習安排。

步驟四：隨著教師更深入地檢視學生的學習進程，他們會發現，如果早一點提供學生深度學習經驗，學生可獲得更大的進步。

　　深入的專業對話可提高教學實踐的精確度，教師因此可以建立信心，進而嘗試更多的創新實踐，以滿足所有學生的需求。促成學生深度學習的這四個要素對成年人來說也是同等重要。

學習再設計

　　當教師共同檢視學習設計和學生進步時，便可深入理解學生如何學習，以及學習設計的決定如何影響學生的學習，這樣的洞見對教學實踐的改進有重大的影響。讓我們為**學習設計歷程**建立一個操作指引，即協作探究圈最後一個階段的延伸再——**再檢核、反思與改變**。學習再設計是強而有力的能力建構方法，隨著教師的日常教學實踐變得越來越公開透明，他們會發現改進學習設計的新方法可影響學生的進步。澳洲深度學習校群所分享的經驗說明了這種力量。

　　在 NPDL 旅程的初期，澳洲維多利亞省 Wooranna Park 小學建立了他們第一個深度學習單元，名為「**謎團任務（Enigma Mission）**」。他們以六個全球素養為基礎，建立學習目標和成功的表現指標。這個任務要求 10 至 11 歲的學生使用探究模式投入他們感興趣的計畫。教師用影像記錄學生的學習經驗，探索各式各樣的領域，從古生物學到 DNA 都有。透過任務可以看出學生的高度參與、學生的意見與選擇權、

學生能清楚說明探究的目標以及深度。該歷程的最後一個步驟是要共同評量學生作品和進度。

　　教師們一開始對學生展現的熱情、自主權、獨立性和各式各樣的點子感到印象深刻。然而，檢視學生的作品之後，教師發現，大部分的學生可以選擇並完成謎團任務，但有些學生則無法達成目標；教師再進一步分析結果後發現，學生能否提出豐富性的探究問題會是成功與否的關鍵；教師若再往下挖深學生的學習經驗，才了解到，有些學生缺少豐富的生活經驗，因而不容易提出較大層面的謎團任務。因此，他們重新設計了這個深度學習經驗：謎團任務，如圖 7.5 所示。

Wooranna Park 小學的謎團再設計任務

教師決定他們需要設計一個深度學習經驗，幫助學生奠定堅實的基礎以提出好的探究問題。

1. 他們以課程中增強讀寫能力的基礎出發。學生們可選擇一些發人深省的小說，比如《飢餓遊戲》（The Hunger Games）和《我是馬拉拉》（I Am Malala）。所有小說的主題都與相互依存的概念有關，而相互依存屬於全球素養中協作素養的一部分。教師用各式各樣的教學實踐來深化學生的思考，像是現場論壇、專題研討會和蘇格拉底式的提問與討論。

2. 接下來，教師通過探索所有文本中的五個主題來深化學習：種族主義、貧困、影響變革的政府結構、奴隸制度和成為有影響力的人。再次地，教師刻意地使用了各式教學實踐：誘發學習、沉浸式影片教學、戶外教學和討論。

3. 支持學生建立知識連結並探索不同的觀點。

4. 在這個階段，學生發展出謎團任務、探究問題，以及完成任務的方法。要進到這個步驟，學生得先具備廣泛的學習經驗，才能開展思考和作出好的選擇。教師也會使用各種教學實踐，包括同儕互評、學生主導的學習檔案評量、全校性回饋以及向外部專家提出報告。

5. 最後一個步驟是採取行動。學生利用謎團任務中的研究結果在真實生活中展開行動。這些行動包括參與在地的救濟廚房工作、為阿富汗移民開辦英語課程、及製作影片引發人們對難民議題的關注。

圖 7.5 Wooranna Park 小學再設計：評估、反思與改變

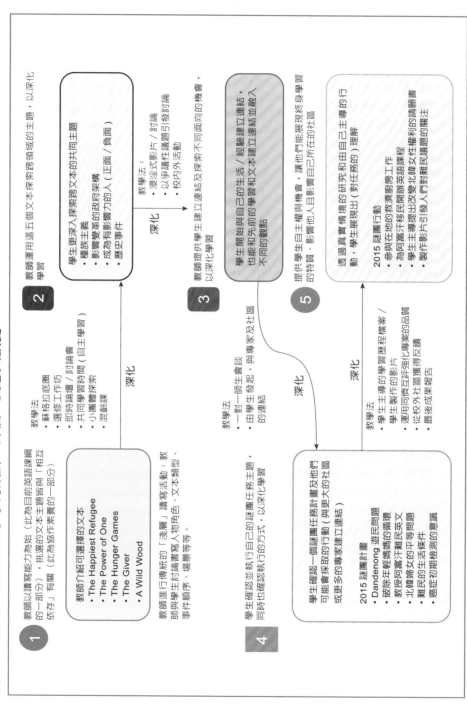

來源：Wooranna Park Primary School, State of Victoria (Department of Education and Training).Thanks to Jennie Vine, Assistant Principal; Anessa Quirit, Grade 5/6 teacher; Grade 5/6 staff 2015; Ray Trotter, Principal;teaching staff,students, and community partners of Grades 5 and 6 during 2015.

當教師運用了協作探究圈最後一個階段的三個元素，學習再設計的歷程便可成為改進教學實踐的重要催化劑；亦即，教學實踐的精確性得以提升。在此過程，教師會花時間發展多樣的成長指標並共同**檢核學生的進步**、反思影響學生進步的教學法，然後為下一次的深度學習經驗**改變學習設計**，或者依據相互校準的發現改良下一輪的學習設計。**謎團任務**便是學習再設計實際的示例。

> 結合深度探究和更公開透明的教學實踐，就能改變學習設計和學生進程的評量。

結語

NPDL 的協作探究歷程是轉變教學實踐的重要催化劑，它也是全面提升教師能力建構的方法。結合深度探究和更公開透明的教學實踐，就能改變學習設計和學生進程的評量。再者，教師協同合作去增進對學習的理解和學習的潛力、找出可行與不可行的證據，以及為接續的步驟做出決定，便可持續改進與創新。茲此，教育工作者在面對與回應新興的議題及挑戰時，便可理解如何同時實現公平和卓越。

在第八章，我們將轉向更大的圖像，檢視學校、學區和教育系統推動深度學習與發展 6Cs 所需的學習條件和教學實踐。若想探討局部創新如何走向全系統變革，那麼，深度學習架構中的第四個元素就會是必要條件。

> **"** 文化如風……順風而行，
> 便一帆風順。
> 逆風而走，則寸步難行。**"**

—BRYAN WALKER AND SARAH SOULE (2017)

第八章

推動全系統變革的條件

什麼是全系統變革？

我們將教育中**全系統變革**定義為學習文化的變革。全系統變革的動態變化，一方面是來自深思熟慮的政策和策略之間交互作用，另一方面則源自不可預測或至少是不可控的力量（最主要是科技）的擾動。在深度學習中，全系統變革的條件已經成熟了：現實狀況已經失靈（推力），而環境又充滿吸引力和危險（拉力）。不可諱言，有些需要付出，而有些重大趨勢必然會發生。顯然，變革的發生是遲早的事，差別在於特定的系統如何被形構而已。為了更好的教育，我們與 NPDL 的夥伴攜手共創成果！

我們想推動的理念是全系統變革及適性的深度學習，這並非單靠前導或焦點計畫就可行，而需重新思考整個學習歷程。學區、校群（網絡）、甚至國家，都要找出能啟動及擴散這種重新思考的方法，並相信最終是所有的學校皆可進行全系統變革。學習歷程的改變會連動組織內部所有決策，一起改弦易轍，因此可增加系統的一致性與連貫性。此外，「一致性的形成」內建於持續的協作探究過程，也就是說，為了深化學習經驗，參與者轉向發展協作學習文化的策略。最後，他們刻意地建構能發揮影響力的內在能力並刻意地監督所有進程。茲此，變革的發生將是系統化的而不是零碎的堆砌。

再者，這個動態模式會產生創新並連結至日新月異的外部環境。全球夥伴關係一直是行動的催化劑，且提供行動所需的豐富資源。藉

此，成員可建立並分享知識，掌握促進深度學習的教學實踐方法，及促成轉變所需要的組織條件。然而，當全球夥伴關係將一整套的工具及歷程視為變革的催化劑時，變革力必須來自於學校、學區、校群或國家的內部。NPDL 並非一套實施方式，只要透過計畫或工具訓練便可取得，它著力於培養在地組織的自身能力，以促進人才與推動策略的發展與投入。換言之，持續建構組織內在能力是徹底改變學校教育文化的一條路徑。

因著兩個理由，我們發現 NPDL 有了進展。第一，如前所述，系統現況對多數人而言已經行不通了，因此我們對變革有迫切的需求。第二，我們發展強而有力的支持機制，包括夥伴關係的架構、策略和工具等，可導入、推動與支持 NPDL 的推進。除了架構中的元素，我們還有一個操作方式，或稱作變革哲學，促進聯合行動和產生預期的成果。這變革模式的用意是，「鬆綁」下一個層級的行動（如：各學區之於州、各校長之於學區、教師之於學生）；同時，也可為地方教育的發展而影響政策。最後，這個模式帶動水平和垂直的雙向學習，產生交織作用。簡而言之，鬆綁下層，善用上層，並在各層進行學習，以能有目的性地推動 6Cs 及學習設計，減少不平等並提升卓越。推動 NPDL 的系統性模式具有社會或文化運動的特性，人們受到新想法的吸引，因而能夠連結或啟動一些尚未實現的基本需求或價值，並帶來非常激勵人心的新成果。

> 鬆綁下層，善用上層，並在各層進行學習，以能有目的性地推動 6Cs 及學習設計，減少不平等並提升卓越。

需要採用多元的方法才能變革實踐，打開對各個層面新的理解，並增進知識和技能。以成長為導向的能力建構，主要透過長期在工作崗位上的做中學而得到發展，這很難靠零散的活動搭建起來。因

此，**能力建構**便是個人及團體為變革而建構能力的一個過程。能有效運作的組織懂得清楚闡明進行變革時所需的知識、技能和態度，和提供能產生協作學習的機會，包含發展變革領導所需的技能和知識、建立夥伴關係、提升教學法的精確性，以及懂得使用數據評量進步。全球夥伴關係促使我們與其他夥伴國家合作，亦從他們身上學到持續性的工作嵌入式學習。此外，夥伴國家的領導也可以幫助 NPDL 引進新的成員。

夥伴關係實現了**走出去是為了讓自己變得更好**這樣的觀點，它創造知識建構的機會，並促進校內、跨校和跨組織的連結。無論是在地或是全球，我們設計了各式各樣共同能力建構的課程、全球活動、深度學習挑戰、學習經驗以及學生成果的檢核，以建立共同的語言和深化知識，教育工作者和學生才能因此打破空間的限制，持續進行協作。

> 走出去是為了讓自己變得更好。

總而言之，鑑於上述變革的擾動，深度學習已經有了迅速的開展。我們相信**慢慢來才能走得快**的主張，深度學習剛開始會遇到許多問題，這種感覺就像超讚的新價值伴隨著一股正要爆發的能量。像大部分的社會運動一樣，NPDL 因其所運用的策略，在全球與在地有強大的感染力。

促進深度學習的學習條件

要讓深度學習扎根，整體推動模式需涵蓋學校、學區、系統的實施條件及運作。這些條件（見圖 8.1）可形成一個支持的循環圈，促成深度學習素養的習得以及運用四要素來設計深度學習。

図 8.1　深度學習條件

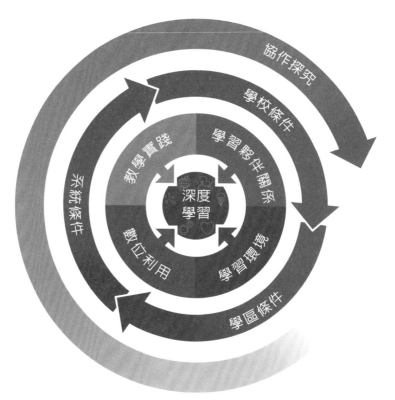

協作探究
學校條件
學習夥伴關係
學習環境
學區條件
系統條件
教學實踐
數位利用

深度
學習

來源：Copyright © 2014 by New Pedagogies for Deep Learning™ (NPDL)

　　轉型變革相當複雜，而改變的持續性卻相當脆弱。雖然我們尚未目睹整個系統的改變，卻已瞥見一些不錯的進展。以下的文字框羅列深度學習開展所需的五個條件及其子向度。

　　我們製作了一個**深度學習現況評量規準**，描述與這五個向度相關的教學實踐。評量規準提供了四個階段進程的描述詞。團隊使用評量規準來確認他們進行深度學習的現況證據。表 8.2 是學校現況評量規準的樣本，學校和學區可用它來評估當前的優勢和需求、確認深度學習開展所需探討的領域，並對條件現況的進展作長期的檢核。本評量規準並未納入系統政策的議題，但稍後會在本章說明。

影響深度學習擴散的五個學習條件

願景與目標

- 目標和策略澄清

領導力

- 領導能力
- 領頭學習者的角色
- 變革領導作為

協作文化

- 學習的文化
- 協同工作
- 能力建構

深化學習

- 全球素養
- 新教學法的精確度
- 改變實作的過程

新的評估與檢核

- 新的測量工具與方法
- 檢核影響力的機制

　　團隊在使用評量規準分析證據時，會出現不同的觀點。舉例來說，學區可能會認為它已經提供有效的能力建構，然而教師卻認為自身需要的是更多的訓練員，以幫助他們將新的想法融入於日常的教學實踐中。深入對話可協助團隊辨認哪些優勢可支持創新，哪些則是劣勢。一旦團隊標註他們目前所處的階段，便可參照評量規準下一個階的描述詞，進而採取下一步的行動。學校最常在每年年初及年末時使用這個評量規準來評估自己的進程，並為下一個學習循環做規劃。

　　這樣的反覆過程——**實施**、**反思**、**調整**——正在改變教師對變革的看法，也讓他們懂得使用證據確實追蹤進步的軌跡。

表 8.2　學校現況評量規準

向度	證據有限	萌芽	加速	進階
願景與目標	缺乏現成能實現**深度學習**的策略、目標或實作。決策和資源僅反映現狀。	有意出現清楚闡述**深度學習**的策略和目標。與資源源始過程相關的一些決策顯示學校開始轉向深度學習。	有明訂且被大家所理解的策略、清楚闡述**深度學習**目標及其執行方式。大多數決策都是由**深度學習**所驅動且與其目標一致。	有明訂且清楚闡述的策略，該策略明示**深度學習**的**重點目標和支持**執行的方式。該策略成為學校成員所共有且會影響決策。
領導力	領導者依賴正式的角色和結構，視**深度學習**為外加項目，而非變革流程的整合器或加速器。沒有打算培養學校領導者的策略，**深度學習**的參與僅限於一些早期的創新者。	學校逐漸出現領頭學習者，知道自己的角色是要培養領導者、發展結構、過程，以及正式和非正式的機會，這些都用來促進**深度學習**。學生、教師、家庭和社區的**深度學習**參與度開始逐漸增加。	領頭學習者已經建立了結構與過程，用以推動實作的轉變並能刻意培養領導者。整體學校都投入**深度學習**，包括學生願積極參與**深度學習**的一些學生、家庭和社區。	領導者的能力與明確的領導策略同時發展，讓學校的整體領導力得以發展、散播和實行。學生、家庭、社區和學校所有成員都知道**深度學習**並願意投入參與，且能影響到所有學生。
協作文化	透過正式結構進行領導者、教師和學習者之間的協作，但沒有挑戰到「我們在這裡慣常做事方式」。探究的作法不一致：不願意分享實作和想法反映出低落的信任程度。能力的支持通常著重於個人需求，並未與深度學習明確連結。	開始發展有關**深度學習**的協作文化及共同的能力建構。領導者和教師們開始使用協作探究來反思現有的實作。學校出現一些架構及流程以建構組織內縱向與橫向的關係和全校性的學習。支持協作的資源開始出現，但這些資源在運用上並不總是能夠產生聚焦、有連結性或連貫性的推動效果。	學校出現學習和協作探究的文化，大多數教師和協作領導者的會反思、檢視和調整他們的教學和領導實作。基於教師和學生的需求來設計能力建構，並清楚聚焦於能推動並維持**深度學習**所需的知識和技能。通過縱向和橫向增長、協作和信任不斷增長，實作也越來越透明。學校層級的探究和學習需要各級教師的參與，教師也可能進行跨校的協作。	**深度學習**滲透於整個學校的協作文化中。協作學習成為規範，而集體的結構與實作有賴組織的結構與實作。學校藉由培養強韌的縱向新與橫向的關係來支持創新與實驗冒險精神，並運用群體來改變群體。能力建構能全面且一致地聚焦研究教學的精確性，並在單一學校或跨校的協作過程中，納入學習循環與應用。

向度	證據有限	萌芽	加速	進階
深化學習	尚未能具體化學校課程與深度學習素養之間的關係。開始發展深度學習的架構，但並非所有人都能理解，也無法有連貫地用它來引導著學習。個別教師和成員自獨立進行創新。少有教練和成員致力於支持深度學習。尚無法理解諸如協作探究和相互校準使用等等的協作實踐。	開始能清楚說明深度學習與學校課程之間的關係。已經確認一些能改善教學法精確性的目標，但改善著的策略可能還不明確，或是缺乏有連貫性的實施及支持。有些教師可能會用深度協作實作，如協作探究和檢視學生作品的操作指引，但實作或支持缺乏連貫性。	能清楚說明學習和教學的目標。深度學習素養和核心課程進之間的連結顯而易見。全校廣泛使用深度學習全面化的架構，用它來設計、評估深度學習經驗。全校都能建構協作學習架構的資源與專業協作實作一致。其他深度協作探究和檢視作品的操作指引，也是如此。	全校都能清楚說明深度學習素養的學習目標，增進著教學法精確性的目標，以及核心課程進的學習目標，而且這些目標與預期的實施成果相互扣合。全校都能理解並一致地使用深度學習整體的架構，用以設計及評估深度學習經驗。全校都能用協作探究來檢視，也影響各階段學習的進進，能一致地使用有效的操作指引來檢核學生作品。
新的評估與檢核	對於學生學習成功與與成就的評估仍依靠狹隘的指標（例如測驗檢核及少量的作品產出）來做檢核及追蹤。教師和學校領導者開始使用新的檢核來發展深度學習共同的語言和理解，但尚無法評估或檢核深度學習的現況、設計或成果。	透過使用多元且越來越大量的證據來源以檢核並追蹤進的展與成功，開始發展混合合力法的評量實作。開始發展能力建構的支持，以使用新的架構，並設計有意義的評量。一些教師和領導者開始使用新的檢核，檢核學生的學習經驗，檢視深度學習的現況。	教師和領導者有能力來評量、發展與檢核下列情形： ● 學生在深度學習進程中的成長。 ● 能使深度學習發生的條件。 ● 能促進深度學習設計效能。 深度學習經驗能加速連結至地方／國家的政策與優先建構、透過結構化的過程和得以相互校準。教師開始開始為深度學習設計新的評量，這樣才能更清楚辨識深度學習的發生。	全校都能發展並檢核深度學習，並以之聚焦於集體能力建構、會作跨年度及跨時期的檢核並相互校準、並呈現出持續的成長。深度學習經驗顯示出學課程與深度學習目標之間明確的一致性、並在學校內部和學校之間作正式的校準以建立可信度、分享回饋與學習設計。其實作反映出對學生興趣深入的了解、並使用各種證據來確定學習的進展和情況。

來源：Quinn, J., & McEachen, J. Copyright © 2017 by New Pedagogies for Deep Learning™ (NPDL)

新的變革動能

　　往深度學習邁進的學校和教育系統開始出現新的
變革動能。從「政策執行」的心智習性轉向共學和共
創的有機歷程正在紮根。要特別關注的是，比起傳統的
階層式學習，用橫向的學習（在學校、學區和系統內部
以及橫跨學校、學區和系統）會學得更多。隨著學校、
學區和國家參與深度學習，我們觀察到三個階段的變革
（見圖 8.3）。

從「政策執行」的
心智習性轉向共學
和共創的有機歷程
正在紮根。

圖 8.3　新的變革動能階段

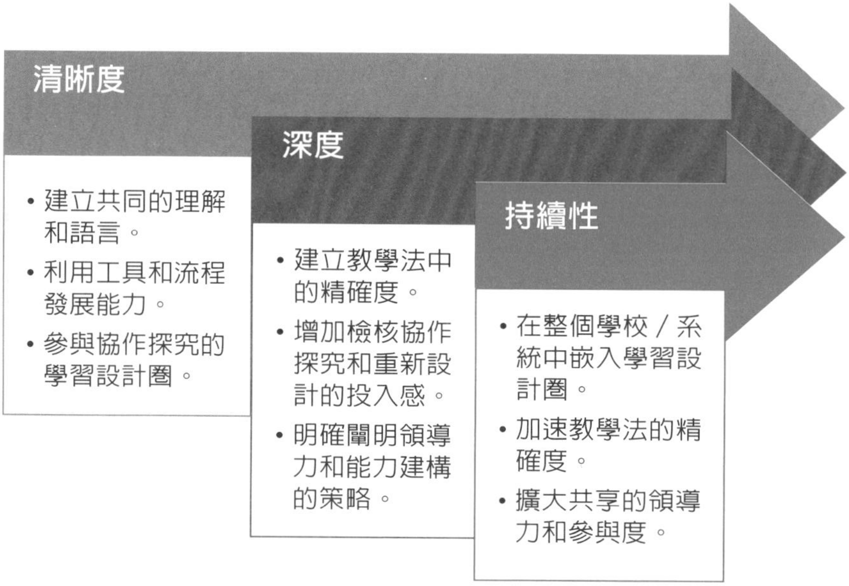

清晰度

- 建立共同的理解和語言。
- 利用工具和流程發展能力。
- 參與協作探究的學習設計圈。

深度

- 建立教學法中的精確度。
- 增加檢核協作探究和重新設計的投入感。
- 明確闡明領導力和能力建構的策略。

持續性

- 在整個學校／系統中嵌入學習設計圈。
- 加速教學法的精確度。
- 擴大共享的領導力和參與度。

第一階段：清晰度

深度學習工作的第一階段包括建立清晰的方向、共同的理解和專業知識。清晰度是一個過程，也是一種狀態。基層的努力通常源自於教師或領導者的熱忱，因而願意採用不同的工作方式。雖然每個人的起點都不盡相同，快速創新的發展與注入，學校因此能建立清晰與共享的願景，並讓深度學習的課堂風景變得不同。隨著教師和領導者使用新方法並分享成果，他們需要建立「從做中學」的機制，好能聚焦討論並檢視當前和未來的實踐，並增強學習的新願景。協作探究的過程也會指引教學實踐的檢核並評估學生的學習進展。要建立信任感及透明度在此階段特別重要。教師在分享成功和挑戰時，需要有安全感，不必擔心受到批判，這樣他們在分享實踐時就會變得更加公開透明，學校因而需要經常重組結構，以挪出和安排教師協作探究的時間和空間。教師進行充分對話以檢視深度學習的教學實踐，並詳察學生的學習效果與改善學習的方式。同時，教師開始將家長視為夥伴，以不同的方式傾聽和回應家長的擔憂，也讓家長參與新的學習實踐。在這初始階段，學生的明顯變化便是最有力的影響。教師使用深度學習方法之後，可看見學生的參與度及成果有明顯的變化。因此，想要鼓勵深度學習的領導者會有以下作法：

● 給教師零風險的機會，親眼看見學生的改變。

● 為曾在課堂裡體驗過深度學習力量的教師們安排時間作分享。

● 鼓勵參訪新教學法實施相當成熟的課堂和學校。

● 促進用虛擬方式連結其他進度些微超前的學校和實踐者。

第二階段：深度

第二階段的發生通常是在教師和領導者對素養已建立共同願景，也初步學會使用四要素來設計深度學習經驗。他們還需要「從做中學」的機制、在共同檢視教學實作的過程中，提高精確度，繼而增進教學

法的精確性。在此階段，教師和領導者至少要參與一次的協作探究圈，在選擇教學實踐和建構經驗時刻意地提高精確度，好能幫助學生習得更高階段的素養。於是，他們一起更頻繁地參與協作探究圈，設計新的學習經驗並校準學生的學習進程。隨著教師會尋求校內外的學習機會，他們的領導能力也隨之提高；必要時，教師也會引入外部資源，提升能力建構。因此，我們不難看到學生和成人的學習經驗在精確度和意向性上都有所提升。

第三階段：持續性

一旦達到某種專業水準，工作重點就會轉移到深化深度學習並將其推廣出去。學校、學區和系統要思考如何整合不同策略以建立一致性。我們在全球各地已觀察到，一旦教師在設計與評量深度學習方面，以及協作探究圈的有效工作方面，都能發展出信心和專業，就會把重點轉向幫助他人改變。方式有兩種：其一，讓深度學習更深入 —— 在學習設計和協作探究圈的校準上建立更高的精確度；其二，學區和校群將協作實踐推展至更多學校，最終甚至到整個系統。教師和學校領導者因而變得更強大，引領後續的發展。他們持續探索、發展並檢核六大素養的最佳方法，同時為學校或系統設定內部目標。事實上，這些都代表著持續的專業學習應有的方式 —— 內建至學習的文化中。

> 事實上，這些都代表著持續的專業學習應有的方式 —— 內建至學習的文化中。

澳洲維多利亞省的 NPDL 校群在前三年奠定了深度學習堅實的基礎，在進入第三階段後，他們更為深入探索，努力面對以下的三個重要課題。

在第三階段，地方領導者發起策略，主導學習的深化並廣推這些教學實踐。他們進行跨校、跨學區，甚至是全球的連結，經常走出去為了讓自己變得更好。這些領導者刻意培養各個階層的領導者，尤其是教師領導者；最重要的是，他們會尋求影響力的發揮且持續做中學。

改進評量實作：我們計劃要增強教師的信心和能力，讓他們願意採納當代有彈性的評量實作。我們需要製造機會去擴充教師和學習者的評量策略庫，以作為持續獲得、分析並詮釋學生進步數據與證據的歷程。

系統課程架構：下一個挑戰是要幫助教師跳出課程的框架思考並克服「我們不能這樣做，因為我們有必須要教的東西！」這樣的想法。系統框架通常被視為不可讓步的系統結構，因而限制了創新。許多教師以為教學只能用一種方式進行，但事實上，他們可以有超乎想像的自由與更大的彈性來規劃課程。維多利亞省的課綱架構只有確認要「教什麼」，而不是如何教。我們的課程當局描述了課程應該學習的「內容」，剩下的則交由老師決定，也就是說，學校和教師被期望懂得「如何做」。課程不是教學法，它是我們希望所有年輕人都有機會理解和應用的東西。教師在課堂中實施的方式及學校整體針對教學法所做的決策，完全取決於學校本身。教學法應該要根據當地的情境、需求以及專業知識而定，但不能偏離「內容」。如果我們想要鞏固、維持和擴大學校內外的深度學習，就必須繼續協助教師增強他們信心與能力，以確認、實施及試驗新的及（或）證實有效的教學實踐。

不要低估學生：如果對學生應該做得到的事情有了先入為主的想法，有時會限制教師教學的廣度。當教師為學習提供鷹架與支持時，同時也應提供開放性的挑戰，就會不斷對學生的學習及其成果的產出感到讚嘆。
（personal communication, May, 2017）

行動中的深度學習

社會運動與思想有關，往往由懷抱變革熱情的初期創新者所發動。我們接下來會看一些例子，討論學校、學區和系統如何發展適合 NPDL 推動的條件及其教學實踐。

> 社會運動與思想有關，往往由懷抱變革熱情的初期創新者所發動。

進程中的學校

接下來的這個示例是澳洲昆士蘭省六所中學中的一所學校，該校希望參與深度學習，並組成校群相互學習與分享。

走出去是為了讓自己變得更好

Pine River 中學；澳洲，昆士蘭省

　　Pine River 中學一開始只有一小群教師投入 NPDL，但很快地，這個學校將深度學習與學校的總體策略計畫連結起來，並利用深度學習來擴大變革。教職員工的參與方式有：將計畫文件和 NPDL 工具及共同語言保持一致、對深度學習有共同的理解、採用**協作探究圈**、發展「清楚且聚焦」的實施重點。其中，**走出去是為了讓自己變得更好**的理念是非常關鍵的。該校定期與其他六所中學碰面，分享實作與見解。NPDL 實施 8 個月後，Shnur 校長寫下 NPDL 影響學校的一段話：

> NPDL 對我的教職員工產生了如此大的影響，以至於我們將 2017 年的變革議程明訂為「深度學習歷程」。我們在計畫文件提出深度學習所需的三個條件：深度學習目標、用數位工具加速明確的教學法，及教職員工的能力建構。你們會發現，學校的策略願景對準了我們的 NPDL 旅程。我也調整了我們的計畫，與 ASOT 和教師國家標準緊密扣合。（見表 8.4）

> 我們透過兩門課啟動課程改變的機會。一門是在七、八年級所實施的專題導向 STEM、HASS 課程；另一門課則是「IGNITE」特色計畫，以應用為導向，提供更深入的學習機會。然而，最令人興奮的課程設計則是「生命教育」學程。此學程橫跨七到十二年級，用多樣性的個人自主發展計畫來開發學生的 6Cs 能力。教職員們通過投票重新安排課表，以便空出每日的時間來教授 6Cs 相關的技能。即使聖誕節要到了，大家應該要放鬆休息，團隊卻依舊繼續討論著計畫。我走進創意思考小組的會議時，他們正聚精會神地辯論評量規準文件中所列的各種條件。一位比較晚加入 NPDL 的老師甚至建議不要休假好了，這樣才能繼續更深入的探索。坦白說，今年與我們 NPDL 校群的合作，是我這 32 年教育生涯中最令我感到自豪的工作。（John Shnur, principal, Pine River Secondary School, Queensland, personal communication, December 2016）。

六個月後，Shnur 校長又寄來第二次的紀錄，描寫他們學校接受當局規定的第一次重點學校評鑑情形，這項評鑑由昆士蘭省立學校執行。學校也是第一次接受以深度學習作為明確改善目標的重點評鑑。校長說到：

> 受過培訓的委員進入學校，主要檢視學生的讀寫和算術能力。他們不太確定如何與我們打交道，在花了整整一天的時間提問後，才發覺我們所關注的方法不符合他們的評鑑項目。我們做了很多努力，要將 6Cs 對應到 21 世紀的能力，也對應到我們國家課綱裡的**通用能力**，這都有助於強化我們教學工作的成效。

> 到了第四天，他們都被我們收服了；最後，我們被評為特優。有趣的是，我們的社區夥伴關係發揮了很大的作用。一位跟我們深度學習計畫有合作的大學教授說，他最多能補充的是，比起能傳授給我們學生與教師的，他反而從對方身上學到更多。評鑑委員認為，**生命教育學程**雖然處於起步階段，但他們對我們能對全校明確教授素養的勇氣，致上祝賀之意。

這只是數十所進程中學校的其中一所罷了。值得注意的是，在短短十八個月內，該校就發生了重大的轉變。學區、省和教育系統都目睹這些新方法對學生所產生的深遠影響，但他們卻只能掙扎著用傳統的檢核方式迎合新的現實。我們也正與其他夥伴國家一起努力，想要證明學生不僅僅能夠習得素養而已，他們也能為未來人生作更好的準備。儘管脈絡、能力和資源各不相同，如果可以結合深度學習的願景及其完整的工具和教學實踐，就能加速變革的發生。接下來，我們將探討如何從單一的創新學校轉向整個教育系統的推動。

表 8.4　Pine River 2017 年度改善計畫

Pine Rivers State High School
"By different ways to excellence"

深度學習歷程

是什麼

我們深信，深度學習的發生始於學生可以使用先備知識、理解、觀點和思維技巧去解決各式各樣的問題。他們可能是獨立作業、也可能互相合作，通常會利用數位技術去想出創新的解決方案並提出批判性問題。經由自我反思、探究、並對此堅持不懈，成功的深度學習者有自信及勇氣去面對新的挑戰。

為什麼

Pine Rivers 中學已啟動深度學習之旅，以實現下列目標：

1. 提高社區參與度，進而提高學生出席率。加強與外部組織的學習夥伴關係，並提高教職員工、家長、學生對學校表現的滿意度。

2. 提高七、九年級學生在 NAPLAN（The National Assessment Program – Literacy and Numeracy，全國評估考試）閱讀、寫作和算術這三項考試的成績，提升進入最高兩個級別的學生比例，最終能提高學校在 NAPLAN 考試的平均成績。

3. 使學生在 QCS（Queensland Core Skills Test，昆士蘭核心素養考試）中的表現更為出色，建立學生個人表現及學科表現之間的緊密連結，這最終能提升本校學生在 OP（Overall Position，學生總體素質評比）中 1-15 級的數值，尤其能增加 OP1-5 級的學生數。

4. 發展教師和學生的技能，確保他們在即將面臨的外部高年級評量中有良好的表現。

如何做

在 Michael Fullen 還有 Quinn 的著作《密合連貫性》（Coherence）（頁 79）中提到：

運用能深化學習的三個元素，系統便可大幅改善學習者的參與程度：

1. 建立深度學習目標的清晰度。

2. 使用數位工具加速教學法精確度的建立。

3. 建構教職員工及學生的能力以轉變實踐。

在 Robert Marzano《教學的藝術與科學》（The Art and Science of Teaching）一書中，作者提出了優質架構的十大關鍵要素，特別可以用在深度學習中的有：

回饋

DQ1　提供並說明清楚學習目標

DQ2　評量

內容

DQ4　練習並深化課程

DQ5　能應用知識的課程

AITSL（澳洲教師與學校領導機構）的七項教師專業標準明確處理了深度學習：

1. 了解你的學生及他們學習的方式。

2. 了解課程內容及教學的方式。

3. 能規劃並實施有效的教與學。

5. 能針對學生學習實施評量、提供回饋，並提出報告。

6. 參與專業學習。

因此，本校推動深度學習歷程的策略建立於

1. 了解學生必要學習的內容，並知道學生習得後的樣貌。

2. 了解學生的學習起點行為，施以差異化教學，並提供那些接受以學習者為中心的學生更深入探索的機會。

3. 採用形成性評量監督學生的學習歷程，在單元教學的循環中進行內容和教學法的變革。

4. 針對讀寫及數位素養提供明確的學習策略，讓學生能評量自己的學習，並利用數位工具加速進步。

5. 協助學生發展自我反思與自我引導的技能。

Pine Rivers State High School
"By different ways to excellence"

深度學習歷程將會遵循下列的探究圈

評估

設計

實施

檢核、反思與改變

學習的總結性評量
1. 處室主任和教師針對學生成果進行反思，對下一個單元的學習做適當的調整。
2. 學生更新學習改善計畫。
3. 教師尋求學生回饋。

形成性評量（如：進步數據）既是學習也是為了學習。適切地使用即時的回饋，就能即時更新資訊彙整工具，包括
● 研究文獻
● 能力量表
● 學習目標追蹤表單
● 前測

對可取得的起始點數據進行研究，以了解班級學生，並適時更新學校資訊彙整工具上的資料。

用共同的模板設計教學單元，列出能適切挑戰學生能力的深度學習目標，以及相關的成功表現指標、讀寫及數位能力、與教學實踐。

隨著學習的深入，學生從以教師為中心的學習轉變成以學生為中心的學習。這種學習可以透過協作或個人的方式產生，而數位策略可加速其轉變。

明確的學校目標如下

數據資料	目標
NMS（Nantional Minimum Standard 最低標準）閱讀	>95%
NMS 寫作	>95%
NMS 計算	>95%
U2B（Upper 2 Bands 前兩級）閱讀	>20%
U2B 寫作	>20%
出席率	>95%
QCE（Queensland Certificate of Education 昆士蘭教育證書）	100%
OP（Overall Position，學生總體素質評比）	>80%
學校學科缺席率	<175pa
BYOD（Bring Your Own Device，自行攜帶設備）	> 90%

來源：Courtesy of John Shnur, Pricipal, Pine River Secondary School, Queensland

進程中的學區

若要培養朝向深度學習的心智習性和教學實踐，同時又要消除讓教學實踐無法擴及整個系統的障礙，學區在啟動變革條件上扮演了關鍵的角色。因此，學區推動變革的條件是：

● 以全系統的心智習性讓系統聚焦於深度學習。

● 培養創新和協作的文化，讓學生和成年人感到安全、支持他們冒險、且能從失敗和成功中吸取教訓。

● 提供能力建構的機會，有計畫地建立教學法的精確性。

● 建立評估成功的表現指標。

轉向深度學習的過程並沒有一套固定的公式。我們來看看接下來兩個學區的故事 —— 加州的 Kern Unified 學校和加拿大的渥太華天主教學區教育局，兩區代表著截然不同的脈絡和變革旅程，但都凸顯學區在產生變革條件時不可或缺的角色。

從社區轉化到全球的心智習性

Southern Kern Unified 學區：加州，Kern

這是一個只有 3,500 名學生的小型學區，但你不禁會注意到家長、學生、教師和領導者對該學區展現的自傲與熱情。這個學區參與 NPDL 還不到一年，可算是一個新創學校的示例，但並非所有的學區都像 Southern Kern 一樣。Southern Kern 位於加州中央谷地南部沙漠的盡頭，是一個偏遠的小社區，學生的組成主要為西班牙裔和白人，其中 90% 的學生享有免費或低價午餐的資格。你會注意到小社區環境的隔絕孤立，因為該區的四面八方都被鄰近的 Edwards 空軍基地所包圍，且受到嚴密的規範。

Weinstein 督學以一種引人入勝的有力方式描述了社區的反應，「當我抵達這裡，開始談論重新想像教育這件事、還有我們孩子未來的可能性時，社區的回應是：『不……我們做不到。我們只是一家小店而已……不像大城市……這超出我們的能力範圍。』」Weinstein 督學堅持不懈地

尋求機會，將學校和學生與社區連結起來，向他們保證會建造新的設施、更新現有的設施、並確保學生有充分的機會可以體驗新鮮而有趣的學習方式，讓學生和同儕、未來的志向，及學校以外的人都能產生連結。

而後在 2016 年的 8 月，Southern Kern 加入了 NPDL，這是一個由七個國家組成的全球夥伴關係，致力於促進所有人的深度學習。不久，每個學生、教師和領導者都加入深度學習。在這一年中，每個學生深度學習經驗的共同主題是協作。協作素養不僅推動了學習也推動了整個學區。領導團隊刻意地擴大了整體網絡、建立夥伴關係、並尋求讓社區一起參與的各種機會。Weinstein 督學表明，NPDL 就是這種新文化的關鍵，證明了整個 Southern Kern 社區不僅僅是小店面而已，他們也可以是全球的一部分，作為全球知識經濟的一分子一起進行協作、交流和學習。你到這個社區參訪，就會看到學生用前所未見的方式進行連結和學習。家長和社區的參與度達到歷史最高點，他們感覺到自己的視野變大了，生活也有了目標。熱情和投入顯而易見，領導能力得到了很好的調和，而學習總可以鼓舞人心。

Southern Kern 接受 NPDL 的速度非常驚人，當心智習性改為全系統變革，而且實際做到走出去是為了讓自己變得更好，深度學習傳播的速度就會非常驚人。深度學習的議程被當成催化劑，整合學區的工作，激發學生、教師和社區的參與，並融入全球運動。或許，將 Southern Kern 視為深度變革的成功示例還言之過早，但這種早期的開展讓我們更為堅信：當條件符合時，變革便可以迅速推進。

第二個學區故事述寫一個歷時三年，有目的性地在整個學區推動的社會運動。渥太華天主教學區屬於都市型學區，共有 84 所學校，40,000 多名學生。雖然不是每個學校和課堂都完全沉浸於深度學習，參訪該學區及其學校，仍可讓大家一窺究竟。

激發系統變革

渥太華天主教學區教育局；加拿大，渥太華省

走進校園，你會看到學生使用自己的個人電子設備，有目的性地在各種空間進行協作或移動。他們可能會使用散布在建築物各處的綠幕來製作影片，之後再添補背景和音效。牆壁上掛滿了學生色彩繽紛的作品，學生的參與度很高，要為自己的學習負責是一種常態。

但是，不僅學生用新的方式學習，教師的教與學也有明顯的轉變。教師會按年級或跨年級開會，規劃學習活動或檢視學生學習及作品。當教師在探究想法、研討新的數位設備或不熟悉的資源時，會與學生一同學習或直接向學生學習，因此，你會看到教師的學習並不僅限於規劃而已。

校長和學區領導者也是顯而易見的學習者。他們會參加學生主導的工作坊或教學研討會，學習如何利用數位工具來提升自己的學習或教學實踐。在學習走察中，教師、領導者、有時還跟學生一起組成團隊，帶著觀察的目的進行觀課。參與這樣的學習走察可以提升課堂實作的觀察技巧並提供有意義的回饋，以深化學生的學習。同時，所有校長和學區領導者每個月都會開會，固定分享實作及發展解決方案。

要讓這種學習方式成為所有學校和課堂的常態並非偶然。渥太華天主教學區採納了深度學習的議程，並使用一致性架構中的元素來擬訂全系統變革的策略。學區領導者闡述這趟旅程的條件。

領導力和治理：奠定基礎。 創新和福祉已經成為該學區變革的核心。從2010 年開始，學區的共同變革藍圖對準整個學區文化的轉變，而數位生態系統的建立則聚焦於發展師生間的協作、創造力、批判思考和溝通。同時，學區改善了基礎設備：所有學校都有無線網路、將學校圖書館改為學習共享區、每位教育工作者都有筆記型電腦，並整合軟硬體的支持。該省除了將治理的議題與制訂社群媒體的政策結合之外，也實施了全年度數位公民教育融入課程的第一個計畫。領導者刻意地以這些為基礎，策略性地為全系統變革建立一個為期三年（2014 至 2017 年）的連貫性計畫。同時，學區也改變經費用途，集中支持這些新方向的發展。重要的是，這樣強而有力的推動並非透過額外經費來促成，而是透過聚焦變革方向以及重新分配資源而得以實現。

全系統的心智習性：該地區的資深領導團隊認為，NPDL 與教育局的政策重點能相互扣合且一致：都是將教學法作為驅動力並運用科技拓展新的學習及教學機會。從策略上講，第一批有七所學校被選中參加 NPDL。為了確保所有督學及其轄區都被納入這個變革領導的歷程，每位督學所負責的校群中都需擇選一所學校參與，而參與的學校必須有願意支持 NPDL 的校長和一名負責推動的教職員。這些參與者之前曾參與過數位生態系統計畫，對變革頗為投入。為了建構能力，每校都派出一名核心教師，還搭配了另一所學校的教師，搭配的學校原本就是**學習連結**這個學習網絡的成員。學習連結的教師群參與省級的學習網絡，該網絡為教育工作者提供了應用程式、科技、專業學習、以及協作的機會。我們透過這種方式連結各方的學習網絡，這大大提升了綜效。學區也任命一名核心教職員來帶領這個新的 NPDL 學習網絡，她成為支持和推廣 NPDL 的擁護者。

2015 年是施行的第二年，教育局利用 NPDL 學習網絡的初期成果拓展至十五所學校，並以虛擬的方式再加入五所中學，最後總共有二十所學校參與。因為要讓第一年參與學校的教職員在新學校能開展工作，中間階層的領導就變得很重要。讓一名核心教師和另一所學校的教師互相合作的模式仍繼續沿用。各校採納協作探究圈，並將累積探究的成果分享於引人矚目的學習博覽會上，並慶祝他們實施 NPDL 架構的成功經驗。

該年度建立了一個重要的系統結構，即局端一致性委員會。資深領導者先前就曾鼓勵跨部門的合作，嘗試讓包括 NPDL 學習網絡在內的新提案能夠相互扣合。建立靈活且具策略性的委員會凸顯出功能勝過結構的觀點，該委員會專注於一致性的建立，而不只是將結構聯繫起來而已。

能力建構是當務之急：**第一年和第二年**參與學校的能力建構非常重要，這促成了所有 84 所學校在第三年都能參與。NPDL 不再被視為一個切割的學習網絡，而是作為學區內所有學習網絡，教與學的一致性架構。教育單位的所有成員都有能力掌握深度學習架構與流程，特別是理解學習設計四要素的專門術語以及深度學習中的六個全球素養。諸如算術、讀寫和幼兒教育等學習網絡將繼續存在，但每個網絡的教學實踐都會使用到深度學習架構。作為天主教學校系統，在教授全球素養的定義和方法時必須融入天主教語言，這件事情對我們而言很重要。若能把關注真實生活的問題解決及社會行動考慮進去，要連結到對天主教畢業生的期望就不會有困難。

培養基於協作探究的行動：當每位督學跟其所負責的校長會面時，都會使用**學校現況評量規準**作為反思學校創新程度的討論重點。目前的 NPDL 擁護者仍然會持續投入，用她的專業將深度學習流程帶給學區內所有的新老師與各種訓練及專業團隊。教育單位全體員工都會收到深度學習參考指南，這樣他們就會知道深度學習的語言以及我們關注讀寫和算術能力成就的一致性方法。教育單位主管在教育系統內的談話還有與校長、系統領導者的月會中，都將深度學習納為討論重點。每個學習網絡都會使用**深度學習的評量規準**來監督及反思自身工作對系統的影響。

在**第一年或第二年**就參與 NPDL 的教育工作者，現在有機會參加深度學習認證計畫，他們必須透過**探究圈**協助指導他校經驗較淺的教育工作者，並利用評量規準的工具教授及檢核全球素養。這些早期的採用者將獲頒數位徽章以表彰他們的努力。針對想在課堂中加速實施**深度學習**的教師，會有另外的課程介紹深度學習。

走出去是為了讓自己變得更好：在中央層級，透過跨部門的合作以及使用共同的教與學網絡來推行共同的工作，我們得以實現系統的一致性與連貫性。學校的教職員會使用共同的語言，能夠互相協作且產生學習網絡的連結。組織內的各個領域都有領導者出現，學校訪視和學習走察的重點則放在**四要素**以及**六個全球素養**。

渥太華天主教學區不僅產生內部的變革，透過讓全球夥伴觀課，分享他們開發的各種資源與領導的功能。用他們的話來說：「教育局聚焦於深度學習，這讓學生和教職員都充滿活力。我們成功地『用群體的力量讓群體動起來。』」（personal communication, December, 2016）

從這兩個學區的示例，我們知道，要讓變革快速發生且具有深度，全系統的心智習性至關重要。兩個學區有著截然不同的脈絡和資源，但都能建立變革的願景與策略，為創新設立條件並從工作中學習，藉此過程，學區的整體能力建構得以持續發生。到了最後，NPDL 學區（渥太華省就是一個很好的例子）因為接受他校參訪、協助其他教育系統，以及參與區域性或全球的 NPDL 學習實驗室活動，而變得活躍，樂於與其他學校及學區進行交流。

進程中的的系統

　　深度學習已經擴展到七個國家並成立許多校群。接下來我們會問，「整個國家是否也能產生變革？」目前尚未出現哪個地區建立了上層結構來支持整個省、州或國家系統的深度學習。坦白說，我們不知道這是不是我們要走的方向。我們一直樂於協助建立整個系統以及／或與系統合作，但沒有將這項工作定義爲「政府計畫」。爲了刺激及協助深度學習的進展，我們確認了重要的元素以及系統該做的事。系統最顯而易見的元素包括：要能清楚說明深度學習是我們重視的目標、課程政策、基礎設施、經費挹注、能力建構的策略，以及能與深度學習成果相符的評量系統。政府必須確保所有人都能輕易取得高品質的數位工具。還有許多方面需要整個州來制定政策，採納深度學習經驗並將其融入課程架構。系統的職責是促成學校和學區願意認可、支持、參與及採納深度學習，其中包括提供策略增能以利創新，且成立有力的中心機制以利持續探究圈的學習。另外，系統的關鍵性結構能透過網絡、校群與學區群，去支持並合法化跨校／學區的夥伴關係和學習。另一個策略則是要積極支持並促進企業與學校之間、與其他社區團體、乃至全球的夥伴關係。

　　公共政策的轉變必須能夠處理本章提及的評量議題，這個議題也會在第九章做更廣泛的討論。我們注意到，如果把教與學的重點與方便檢核的作法綁在一起，只會窄化了教與學的目的。教育系統必須關注在今日世界取得成功所需的學習內容和學習成果。檢核的工具與實踐也需要作徹底的轉變，這意味著系統應發展可靠的深度學習檢核方式，也要發展有效的方法來評估學生作品能否可展現深度學習的技能。解決的方案聚焦在內部和外部應負起的責任。**內部績效責任**指的是發展教師和學校領導者對於學生學習共同的責任。個人和全體須能界定與國家政策相對應的學習目標、順利地連結學習和評量、明確理解現況及其影響，並做到公開透明。**外部績效責任**則強化與新檢核有關的表現。我們在附錄中提供了七個國家的快速掃描，且已在第六章

介紹了深度學習的示例。這麼做都是要為推動深度學習提供一些脈絡和內容。

結語

整體來說，七個國家的參與者都會同意的結論是，NPDL 是一種非常好，低成本卻有高效益的初步嘗試。但故事不應止於此。NPDL運動仍然存在著穩定性的問題。領導階層的人事更迭平均落在五年左右，因此我們鼓勵組織領導團隊並建立更廣泛的系統支持，才能讓投入的承諾持續多年。但我們也發現，在少數情況下，支持還是不夠廣泛或不夠深入，這使得變革很脆弱，因此我們還要持續努力。

還有一種狀況是，雖然我們已經盡力讓基層能夠自主，不用依靠上級單位，但仍沒有辦法從內部撼動現況。問題的困難點在於，即使教育工作者願意投入變革，當他們面臨到原有的習慣、習性、及（或）現行系統相關規範的壓力時，是否還能持續這麼做？我們哈佛的同事 Richard Elmore，數十年來對學校和系統的改善有很敏銳的觀察，他對我們的基本論點提出了以下的回應：「根本上來說，被制度框限的思維，對於未來方向的想像往往會與當前現況和可預測的結構是一致的。」（Elmore, personal communication, 2017）。Elmore 補充說：「社會逐漸融合成一種新的狀態，它沒有那麼嚴格的定義且會形塑更多橫向與相互的連結。」這關聯到我們的第三個且一樣深層的原因。

橫向與相互的學習對我們的策略至關重要，但我們也接受 Elmore 的說法。同樣地，Joshua Ramo（2016）提出相似且更詳細的論點——我們正進入一個高度「相互連結的世界」，而這需要他所謂的「第七感」，即能夠用橫向和縱向的方式參與全球網絡間大規模的交互作用。我們願意承認這世界正以這種方式迅速擴散，並有可能會讓我們已知的教育系統變得四分五裂。我們只能說，如果這種情況真的發生，深度學習者將更有能力應對。確實，我們某些深度學習領

導者（特別是年輕人）可能會在未來帶領這種網絡學習系統，並成為新型學習方式的一部分，而這也會讓學校目前習慣的運作方式徹底發生改變。

　　未來學習的關鍵要素即是建立新的檢核機制，以評估正在轉型的學習實踐及其成果，這就是接下來的章節要討論的事項。

> **"** 檢核的目的
> 不僅僅是把事情做好而已，
> 還要能夠作正確的事情，
> 並不斷改進。**"**

—PEARL ZHU

第九章

深度學習的新檢核

新的檢核

　　學習的設計、實施及評估終究取決於我們是否能夠檢核學習者的進步及定義他們的成功。在整體模型中，需要評估並學習的元素有很多。主要需要理解的新領域就是全球素養 6Cs（品格、公民素養、創造力、批判思考、協作和溝通）以及最能夠在教學實踐中培養及檢核 6Cs 的學習進程。在第九章中，我們聚焦在檢核兩個核心元素：6Cs 及其在教學實踐中如何實現深度學習設計的四要素。

> 學習的設計、實施及評估終究取決於我們是否能夠檢核學習者的進步及定義他們的成功。

　　深度學習是讓學習者為思考、生活和前進世界做好準備的一種學習。同時，強調全球素養（6Cs）是學生能在現代社會茁壯發展的關鍵。我們重視深度學習設計的重要性，它能支持學生發展這些素養、精熟學科內容、並應用與創造饒富意義的學習，從而真正改變生活和社區。我們從標準化測驗及內容記憶轉向創造並應用有力的新知識和素養，要達成這種價值觀的轉變，需要改變檢核工具和教學實踐。因此，和傳統教學不同的是，我們不去檢核學生知道多少，而是要評估結合核心學習素養的知識能否幫助學生對學習、創造、行動以及成功作好準備。

深度學習素養

　　6Cs 可說是今日學習者重要的學習核心。檢核深度學習素養的發展方式，與現今全球教育系統普遍採用的評估方式有很大差異。檢核者不

僅需要瞭解素養，且要有連結這種理解與廣泛學習表徵的能力，並能夠設計有助於發展及檢核深度學習成果的學習。此外，只有在適當的條件都到位了，深度學習的發展才能促進成長並支持學校、校群及教育系統的變革，確保深度學習的紮根，並為學生帶來真正而持久的影響。

能夠讓檢核成功且有意義的必要步驟

1. 確認並定義對學習者真正重要的內容。

2. 透過使用評量規準或學習進程，清楚描述在不同的學習或發展階段成功的樣貌。

3. 如有落差，運用有共識的描述詞發展或確認其他檢核成功的方式。

4. 設計、實施、評估並檢核深度學習，依據各種評量和指標做出充分有所本的決定。

5. 相互校準評量及評比，以獲得評分者間信度，必要時，也可做跨校、跨學區或跨區域的評分校準。

6. 運用學生的學習來聚焦教師的能力建構，並進一步將教與學的歷程聚焦在學生上——什麼才是真正重要的以及他們如何成功。

有關深度學習在每一個深度學習素養中應有的樣貌，我們為每個素養設計了**深度學習進程**，旨在

● 在流動進程中的每個階段描述學習應有的樣貌。

● 提供共同的語言及理解，以發展及檢核深度學習成果。

● 檢核並追蹤學生在發展六個深度學習素養中的進程。

在**深度學習進程**中，每個素養被分解成多個向度，這些向度結合在一起提供技能、能力及態度的完整圖像以獲得 6Cs 的成功（見表9.1）。在每一個向度，學生學習的發展證據可用**證據有限**、**萌芽**、**發展**、**加速**或**精熟**來呈現。教師根據每一個階段所提供的描述詞檢核綜整各種證據，以評定學生的發展階段。

表 9.1 協作學習進程

協作深度學習進程

團隊以相互依存和協力共進方式進行工作，具有高度的人際關係和團隊合作技能，包括有效地管理團隊動能與挑戰、共同做出實質決策，促成向他人學習並影響他人。

向度	證據有限	萌芽	發展	加速	精熟
團隊以相互依存的方式進行工作	學習者個別進行學習任務，或非正式地兩人一組或小組上團隊合作，但稱不上團隊合作完成工作。學習者或許能一起討論一些決定，但可能仍各自進過的實質性工作決策流程產生對合作成效不利的影響。	學習者兩人一組或分組進行工作，並負責完成任務，以便團隊完成工作。學習者開始一起做出一些決定，但可能跳過內容，或兩個成員做出最重要的實質性決定。小組成員的貢獻程度不一致。	學習者一起決定任務的分配以符合團隊成員的個人優勢和專長，然後一起有效地工作。學習者讓所有成員參與到重要議題、問題或過程的決策過程，並發展團隊解決方案。	學習者可清楚說明與同儕一起工作時，如何善用每個個人性的優勢進行實質性的決策。並發展出明顯展現在團隊合作能相互貢獻想法與／或共同創造成果。	學習者展現出高度效能，充分利用每個成員的機會來相互提供彼此此機會來相互提供效、團隊成員都得到融合、進而達成對所有人都有利的佳決策。
具備人際關係反思與團隊合作的技能	學習者在執行任務時，可能會相互幫忙，完成共同成果或結果；但尚未明顯展露人際關係或團隊合作技能。學習者並未展現出真正的同理心或認同共同目的的。	學習者表現出對團隊工作的共同責任，開始展現出一些人際關係和團隊合作技能。學習者關注於完成共同成果、回應或決策、關鍵決策可能由一個或兩個成員決定主導。	學習者展現出高度的人際關係技巧，對工作的共同責任，並主動積極分擔責任。自始至終，團隊成員皆可有效地傾聽、溝通協商、目對工作的目標、進度、設計和結論能達成一致的看法。	學習者可以清楚說出團隊工作、作品或成果的共同責任。學習者在責任聆聽、工作推進與有效團隊合作的技巧，能確保所有成員的意見都受到重視、目反映在團隊工作反映成果。	學習者積極承擔責任，以確保協作過程發揮最佳效果。學習者確保每個人的想法和專業知識被發揮至極致、同時每項工作的成品或結果具有最佳品質或價值。

(續下表)

向度	證據有限	萌芽	發展	加速	精熟
具備社交、情緒及跨文化的技能	學習者對自己有基本的覺察。學習者傾向從自己的視角來檢視問題，這會妨礙他們發展正向關係的能力。	學習者開始了解自我，知道自己在世界上所處的位置以及他們的行為會如何影響他人。這種自我覺察提供良好基礎，學習者開始更能理解其他人與自己觀點的不同。	學習者能覺察自我，知道自己的視角來自何處。自我覺察和傾聽技巧使學習者更能理解和觀同理他人的情感和觀點，從「容忍」或以真誠「接受」轉變成可以珍視與他們截然不同的觀點。	學習者有高度的自我覺察，了解自己的視角來自何處，及與他人視角的不同之處。學習者能仔細聆聽同理他人的情感和觀點，並以之豐富自己的學習。作為團隊成員，他們能用有效的方式支持、鼓勵、挑戰及進化自己與他人。	學習者具備社會與情緒的成熟技巧，反應在清楚的自我及文化認同。學習者能進行良好的跨文化與跨領域溝通、有效的團隊工作，以及建立正向的關係。他們在理解其他人視角、同理心、同情心上所發展的技巧，對團隊運作產生重大的影響。
管理團隊動能和因應挑戰	學習者深陷於自己的觀點中，缺乏傾聽或向他人學習的同理心，難以放下自我價值判斷，因此無法真正傾聽他人的觀點。學習者透過與別人的觀點或是在面對同儕壓力時快速改變自己的觀點，好避免衝突。團隊可能會卡在錯誤的處理、或是在錯誤的方向上前進。	學習者仍需接受引導，以建立工作關係，並抵擋不當的同儕壓力。學習者採取比更深思熟慮的方法來處理分歧，要求每個成員並分享他們的視角並討論差異。學習者開始挖掘視角差異及構成差異的理由。	學習者通常能在團隊中有效工作，儘管有時在解決衝突、面對不當的同伴壓力或成員挑戰性的問題時，他們可能需要協助。學習者開始發展能夠辨認自己與他人觀點的能力。學習者在清楚表達自己的觀點、聆聽以及從他人的觀點學習上，表現漸入佳境。	學習者擅長分辨自己與他人的觀點。他們能決定何時要在任何或成為何事而爭論。學習者在聆聽並向他人學習上，具備勇氣和清晰度。學習者越能熟練地探索不同的意見以有助於他人的學習，且不會阻礙團隊進步。	學習者能深刻理解自己與他人觀點、具備有效表達自己觀點的勇氣和清晰度、以及傾聽和學習他人的同理心。學習者能尊重不同的意見，以豐富自己和他人的學習與思考。學習者懂得善用各種策略來提出解決之道和減緩緊張。
數位利用	學習者僅能使用一些數位工具來產生連結和協作。	學習者能使用數位工具來促進團隊的合作學習，並反思團隊的進展。	學習者能有效使用數位工具來建立相互依存的關係，並理解他人的觀點。	學習者可以清楚表達數位工具的使用如何促進團隊的相互依性、深化協作的本質、建立更好的共同責任感，以及改善學習或成果。	學習者選擇並使用適當的數位科技、工具以及科技，以豐富自己和他人的學習。學習者不論在何處工作，都能使用數位科技發揮高度效能和效率。

來源：McEachen, J.、Quinn, J. 協作深度學習進程。Copyright © 2014 New Pedagogies for Deep Learning™ (NPDL)

深度學習設計

我們在第五章及第六章中討論了深度學習設計的四要素，以及在設計及實現深度學習經驗時，如何將每個要素順利地融合在一起。以下三種工具可協助完成此流程：

1. 同時使用**深度學習設計操作指引與協作探究圈**，以協助教師設計深度學習經驗。

2. **深度學習設計評量規準**描述了每一個要素於流動的進程上，不同階段所呈現的樣貌，這有助於評估深度學習經驗的設計與深度學習經驗再設計。

3. **教師自我評量工具**支持教師在設計深度學習經驗時，確認自己有哪些優勢以及還需要改進的地方。

教師在設計、實施、評估和反思其所選擇的深度學習經驗後，有機會設計並分享**深度學習示例**——這些學習設計、實施、評估和學習成果的示例能夠描述深度學習發展的方式以及實施時的樣貌。示例的呈現方式有文件、書面、視覺的描述與反思、影片、圖片或任何可以代表及分享深度學習的方式。這些示例能共同呈現深度學習在**深度學習進程**不同階段的樣貌，也能促使教師一起確認哪些教學新創能夠加速學生深度學習的成果。

由於示例提供了豐富而廣泛的資訊，儼然成為強而有力的溝通工具，能夠舉證教師如何應用深度學習的檢核與教學工具，也能說明教師如何界定發展深度學習的成果。

早期發現

6Cs

深度學習資訊交換中心（**Deep Leanring Hub**）蒐集了 NPDL 參與者**新檢核**的資料，它是一個協作學習及資料蒐集的平臺，目的在協助 NPDL 參與者。蒐集資料時，平臺預期能將這些發現分享出去，透過在課堂、學校、校群甚至全球不同層級的夥伴讓深度學習成果為人所熟知。NPDL 於 2016 年出版了第一份**全球報告**，說明深度學習的全球基線，報告內容出自全球 NPDL 的參與者，呈現的方式有文字、作品示例及提交的各項數據。此外，這份報告強調和深度學習發展條件相關的初期發現、深度學習的發展、成功回應實施挑戰的方法，以及對師生產生的初步影響（NPDL, 2016）。深度學習資訊交換中心每年都會發布一份報告，檢核該年度與基線相較的成長狀況，並進一步發展深度學習在全球的影響力。

儘管參與者使用新檢核仍屬初期階段，深度學習素養的初步發現涵蓋以下內容：

> 作為全球的基線，學生深度學習素養的發展階段……大部分位於萌芽期，傳統設計和實施的學習方式無法有效發展深度學習成果。檢核學生的深度學習進程，證明 NPDL 工具和流程對發展 6Cs 的影響。（NPDL, 2016, p.1）

深度學習進程的評比和資料，呈現出學生和學校成果的大量資訊。除了評比**深度學習進程**的各個向度之外，教師還為每個學生在某個特定素養作整體發展的評估。圖 9.2 為每一個全球素養在進程中不同階段的基線綜合評比。

整體看來，在每個深度學習素養中，有超過 50％的學生被評為只能展現出**萌芽期**或**證據有限期**的證據。以此作為基準，學生表現最

好的深度學習素養是**創造力**和**批判思考**。就全球而言，參與者表示，他們終於可以使用素養的共同語言好好說出自己參與的程度。在這之前，素養的表現可能都只停留在表象，而共同語言可產生深遠的影響。舉例來說，教師如果能理解及深入討論創造力，就能改善學習經驗的設計，並重新改造學習環境以能極大化學習者的創造潛力。這些新的契機令人感到興奮，創造力成為素養的「催化劑」，協助學生以有意義且有創造性的方式發展其他素養。此外，批判思考素養的檢核頗為複雜，該素養的學習雖可引發廣泛的討論，但卻不易深度投入，這讓參與者從一開始就非常重視這個素養，以培養學習者能夠建構有意義的知識，並將其應用於真實生活中。

圖 9.2　基線綜合評比

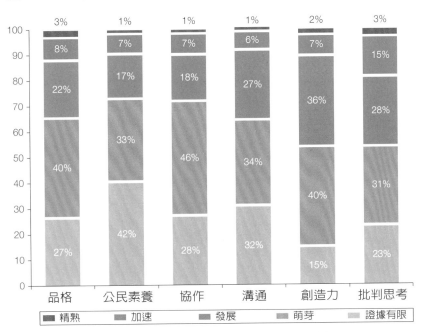

來源：Copyright © 2014 by New Pedagogies for Deep Learning™ (NPDL)

除了**公民素養**以外，學生在其他的素養上的表現，大多都落在進程中的**萌芽階段**。以全球來看，學生在公民素養得到的評分是最低的，有 75% 的學生仍處於**證據有限**或**萌芽**階段，其中 42% 位於**證據有限**階段。NPDL 將公民素養定義爲——全球公民的思維方式、對他人展現惻隱之心、透過深刻理解多元價值與世界觀以思考全球議題、願意投入也有能力可以解決眞實生活中影響人類及環境永續、模稜兩可且複雜的問題。在**公民素養**的各個向度，學生在「對於人類和環境的永續抱持眞誠的志趣」這個向度表現最好，但在「具有全球視野」這個向度則表現最差。對全球學習者來說，影響全球永續和富足發展的議題都很有意義且有趣；與培養這種興趣且幫助學生發展全球視野有關的學習，將有助於他們理解並解決對個人生活及全球社群都具意義的議題。

因爲越來越多的全球連結和覺知，讓公民素養成爲一項新興的教育議題。協作的學習長期以來則一直都是教育重點目標；然而，深度學習基線綜合評比卻顯示，有 74% 的學生處於**協作素養**的**證據有限**或**萌芽**階段，其中 46% 的學生處於**萌芽**階段。儘管學生常常會進行協同合作，但整體**深度協作**的能力仍處於萌芽階段。熟練的協作不僅僅只看團隊作品的品質而已，還涵蓋了學生管理團體動能和因應挑戰的能力、能做出實質性的集體決策，以及向他人學習並爲他人學習做出貢獻的能力。如同先前所言，傳統的教學和學習過程無法發展深度學習的成果；如果要獲得這些成果，需要用 NPDL 深化學習經驗。

以下案例會探討某個 NPDL 校群的發現，他們在學生學習歷程中的不同時間點檢核學生素養的發展，用以追蹤學生在發展深度學習成果上的進程。

A 區域參與 NPDL 還不到一年的時間,他們用 NPDL 來發展學生成功所需要的素養,而其成長反映出學習的效果。

這樣的效果明顯體現在教師的設計以及深度學習經驗的分享上,因此我們接下來就要討論這個教學的新作法。

案例:深度學習進程

既然已經蒐集到了基線數據,NPDL 將根據這個基準來檢核整體的進展,同時也會檢視個別學習者在學習過程中的各個不同時間點所展現出的學習進程。儘管目前為止蒐集到的數據幾乎都只檢核學生在單一時間點於學習進程所處的階段,但有一個校群(此處稱為「A 區域」)的教師從加入 NPDL 開始,直到第一個學年結束,都使用深度學習來評比學習者的深度學習進程。

評比 157 位學生於所有 6Cs 的表現後,有超過 73% 的學生在發展深度學習素養上都展現出進步,其中超過 21% 的學生竟然向上提升了二個或更多的階段。就全球來看,大部分學生在**公民素養**一開始的發展基準都落在證據有限的階段,但現在有了顯著的進步。在 46 位有一整年完整數據的學生當中,超過 93% 在**公民素養**深度學習進程上取得了進步,其中超過 37% 的學生進步的幅度跨越了好幾個階段。

教學新創

NPDL 所有的參與者都很強調深度學習設計的四要素(教學實踐、學習夥伴關係、學習環境及數位利用),對想將 NPDL 牢牢嵌入深度學習經驗的教師來說,四要素至關重要。

教師深度學習示例的證據呈現了每個要素的關鍵學習。(表 9.3)

表 9.3　深度學習示例的證據

教學實踐	學習夥伴關係
●NPDL 學習設計的共同元素包括：學生、教師、家庭和社區成員的共同設計；學生在學習過程中的各個時間點都能對自己的學習與進步進行反思；學生能運用同儕／其他人的回饋及團體所設定的成功表現指標；跨領域的學習能與學生生活及世界作出連結並造成改變。 ●教師在設計深度學習經驗時取得成功，這些經驗能發展深度學習素養並支持其他各種發展重點（請參閱下文）。	●NPDL 能培養學生間的學習夥伴關係，從而改善班級內和跨年級的協作與知識共享。 ●新的關係會增強學生的能動性，在這種關係下，學生和教師是設計、執行和檢核學習的夥伴。 ●與父母、家庭和社區成員形成夥伴關係會增強學習成果與學生的參與度，結果是讓所有人都參與學習。
學習環境	**數位利用**
●當學生獲得學習的自主權時，會用先前沒用過的方式發展及展現自己的能力，且會轉而尋求能對自己及其他人生活都有正面影響的學習。 ●深度學習無時無刻都能促進知識與素養的發展，這是因為學生的學習已經跨越課堂的藩籬，由家庭或社區成員作進一步的培養。 ●有鑑於對學習成果的影響，學習的文化、創新和反思能讓所有成員願意冒險、反思成功與挑戰並從中學習，同時也能仔細思考每個行動與決策。	●科技是深度學習的**推手**和**加速器**──用 NPDL 教學才是所有學習者深度學習成果真正的**驅動力**。 ●重點並不是科技本身的精密與複雜性，而是如何利用科技來深化學習經驗。 ●有效運用數位科技提升 NPDL 學習設計的所有其他元素：它能跨越地理位置的限制、促進學生與社區專家間的深度學習夥伴關係、促使學習設計和實施的機會、支持學生在課堂內外掌控自己學習的能力。

來源：copyright ©2014 by New Pedagogies for Deep Learning ™ (NPDL)

　　深度學習經驗的設計不僅可以開發深度學習成果，還可以在 NPDL 認可爲發展重點的領域給予教師支持，例如使用**深度學習進程**及各式各樣的證據來檢核深度學習，以及連結深度學習與課程。

檢核深度學習的評量證據

　　在教師繳交的**深度學習示例**表中，他們對深度學習經驗的描述常常涵蓋兩個部分：一個是在學習經驗中所使用的評量資訊，另一個則是學習進程在實施學習經驗的前後，其所呈現的評比。

在 NPDL 澳洲校群的示例中，Brauer College 的學生參與了深度學習，共同合作設計一個魯布‧戈德堡（Rube Goldberg）機器。所採用的評量方法如下：

● 學生完成**自我評估表**，以評估自己的社交及認知協作技能。

● 學生使用 Padlet 分享對協作的先備知識，以及協作和小組工作的不同之處。

● 錄製學習過程。

● 同儕透過觀察，對學生設計作出貢獻。

● 使用 Google 文件和問題解決流暢力（Solution Fluency），這是一個六步驟的過程，幫助學生維持進度。

● 教師和學生都會使用評估的評量規準。

● 個人和小組的反思任務。

● **NPDL 協作深度學習進程**。

● 學生使用學生版**協作深度學習進程**進行自我評估。

● 學生對最有創意及有創新性的魯布‧戈德堡機器進行投票。

各種**深度學習示例**都展現出，深度學習經驗可以協助教師，用各式各樣的評量及方法來更加理解學生的表現及檢核深度學習。

以下是 NPDL 加拿大校群的**示例**（見表 9.4 和表 9.5），這些表格顯示出教師如何同時使用深度學習經驗與**公民素養進程**來檢核學習者在該素養某一個向度（**具備全球視野**）的成長。Stirling 公立學校的 Kerri Denyes 老師以「空氣與水的冒險」為題目，提供深度學習的示例。

表 9.4 深度學習前的示例

評量學生──前測

標註欲評估的素養	
☐ 創造力 ☐ 溝通 ☑ 公民素養	☐ 批判思考 ☐ 品格 ☐ 協作

得分：1- 證據有限　2- 萌芽　3- 發展　4- 加速　5- 精熟

姓名／識別碼	性別	前測評比	具備全球視野
927252035	女	2	●與小組成員分享自己家人對全球議題的參與（在聖誕節期間為非洲一個家庭購買雞肉）。她能理解全球性的連結但似乎無法具體理解這些行為所能引發的更大影響。
927252036	男	1	●能與自身的經歷，如「地球巡邏兵」（Earth Rangers）作連結從而激發他人對討論有所貢獻。他最初的連結並沒有深植於理解世界問題，但確實促使小組成員進一步去討論世界問題。

來源：Denyes, k. (2016). An Adventure With Air and Water [NPDL Exemplar].

表 9.5 深度學習後的示例

評量學生──後測

標註欲評估的素養	
☐ 創造力 ☐ 溝通 ☑ 公民素養	☐ 批判思考 ☐ 品格 ☐ 協作

得分：1- 證據有限　2- 萌芽　3- 發展　4- 加速　5- 精熟

姓名／識別碼	性別	後測評比	具備全球視野
927252036	男	4	●透過對全球事件產生共鳴並分享與我們學習相關的新聞報導（如：氣候暖化及其對極地冰冠的影響），能在學習經驗和更廣闊的視野之間建立連結。 ●能提出展現深度思考和延伸課堂對話的問題。 ●在課堂中，對於自己曾關注過的問題能提供答案。 ●將學習帶回家中（鼓勵家人改掉那些會對地球有影響的習慣）。

來源：Denyes, k. (2016). An Adventure With Air and Water [NPDL Exemplar].

建立深度學習與課程的連結

　　初期與深度學習的合作，強調及反思的重點之一就是要思考將深度學習的概念及過程連結或對準地方、國家的課綱。這在一些地區的確如此。最近有一些州或國家已經開始將全球素養做為其課綱優先考慮的核心，如：澳洲的維多利亞省，加拿大的不列顛哥倫比亞省、安大略省，芬蘭和紐西蘭等等。這些新課綱的文件對於如何實施或評估素養並沒有太多著墨，這就是 NPDL 可以發揮作用之處。NPDL 參與者說，NPDL 的重點及工具幫助他們跟這些新課綱及願景形成連結。換言之，深度學習的任務不是與課綱唱反調，而是與新課綱同一陣線，甚至是為了新課綱而存在。讓我們以加拿大和芬蘭的示例做為說明。

　　表 9.6 取自加拿大的**深度學習示例**，顯示深度學習與課綱明確重點的連結，可涵蓋各式各樣的課程範疇。以下使用的數字或字母代表加拿大自己課綱的內容，標明他們如何同時處理課綱的要求，並與素養的發展保持一致性。

表 9.6　示例：是什麼成就了一個社區的偉大？（加拿大公立學校教師：Jodie Howcroft）

協作探究反思 —— 檢核、反思與改變

與課綱的連結：

● 社會

人類與環境：當地社區（一年級）

B2：運用社會學科中的探究過程，對當地社區天然及人為的特色與人類之間的互動關係進行調查，焦點則放在這種互動關係中重大的長、短期影響。

全球社群（二年級）

B2：運用社會學科中的探究過程，對選定社區的自然環境（包括氣候）與這些社區成員生活方式之間的互動關係進行調查。

● 科學

了解生命系統 —— 生物的需求和特徵（一年級）

1.0：評估人類在維持健康環境中的角色。

了解生命系統──動物的生長和變化（二年級）

1.0：評估動物影響社會和環境的方式，以及人類影響動物及其棲息地的方式。

了解地球和太空系統──環境中的空氣和水

1.0：評估人類行為影響水和空氣品質的方式，以及水和空氣品質影響生物的方式。

● **數學**

幾何與空間概念

- 使用位置語言描述物體的相對位置（一年級）
- 描述與表達物體的相對位置，並表達地圖上的物體（二年級）

協作探究反思──檢核、反思與改變

與課綱的連結：

● **語言**

寫作（一、二年級）

2.1 能用一些簡單句寫短文。

2.5 在協助和指導下，針對某一主題，開始能確認自己的觀點，並找到不同的觀點。

閱讀（一、二年級）

1.1 能閱讀不同類型的文學文本、圖像文本（例如環境印刷品，標誌）和資訊類文本。

1.5 初期在協助和指導下，能使用文本中明確陳述和暗示性的訊息及想法，進行簡單的推論和合理的預測。

1.6 能將文本中的想法與自己的經驗、知識及熟悉的文本連結，也能連結到身處的世界，進而延伸對文本的理解。

口語溝通（一、二年級）

2.2 能理解在不同情境應有的適切語言行為，包括兩人一組的分享和小／大組討論。

● **健康**

人身安全和傷害防治（一年級）

C3.1 能運用對家庭、社區和戶外潛在風險的知識，理解在不同情境保持安全的方法，以及如何避免自身和他人受傷。

人身安全和傷害預防（二年級）

C1.1 能展現對於提升家庭內人身安全實作的理解。

來源：Howcroft, J. (2016). What Makes a Great Community? [NPDL Eemplar]

第二個例子來自芬蘭新的國家課綱（見表 9.7）。芬蘭的 NPDL 領導者將評量緊緊扣合每一個課綱領域的核心，這與他們發展品格、**協作**和**溝通**素養中關鍵向度的方式相關。

在此示例中，利用數位科技能為順暢的跨領域學習提供機會，從而促進學生和教師之間的協作學習。

表 9.7　示例：芬蘭小學 (Oulu Kiviniemi) 數位應用和藝術

子任務：大綱				
每個符號代表一項任務，可看出不同學科間是否有相同的任務。				
ICT（資訊通訊科技）和藝術	芬蘭語	英語	地理	學會如何學習、思考技巧、社交技巧
△拍攝和編輯採訪 ○用 OneNote 協同工作 ★視覺呈現（PPT） □蒐集資訊 ＊繪製對稱性	△寫採訪稿 ○用 OneNote 協同工作 ★口頭報告	△合作構思問題 △寫採訪稿 △採訪錄影 ▲以文字和影片呈現人物	△採訪錄影 ○用 OneNote 協同工作 ★簡報（口頭及書面） ▲人物短片 □用資訊報表蒐集同儕作品的資訊 ○活動本和記事本任務	在學習中發現自己的長處並加以利用 在學習中扮演積極的角色 在學習中找到快樂 學習規劃和堅持 學習協作和溝通技巧 進行自我和同儕評估

設計教師：Anne-Marie Ilo , Maarit Saarenkunnas.

來源：Ilo, A., & Saarenkunnas, M. (2016). Europe [NPDL Exemplar].

新檢核的語言除了提供個別國家和學校脈絡共同的理解之外，還保留了相當程度的廣泛性，以便在全世界都能實施。**新檢核**的彈性能夠協助參與者先決定好個人脈絡的重點為何，然後針對未來的方向進行設計。過去的參與者大多接觸到的是按步驟實施的流程，沒有提供太多依據情境加以彈性調整的空間，因此對

> 新檢核的彈性能夠協助參與者先決定好個人脈絡的重點為何，然後針對未來的方向進行設計。

許多學校來說，這種模式需要所有實施深度學習的校群在思考和實作上進行轉變。在深度學習的初期，教師並不清楚什麼是最佳的實踐和方法，探究式的夥伴關係設計就因此變得非常必要，而這必須仰賴參與者願意創新、從做中學、且願意在校內及整個校群裡分享學習經驗。這類學習分享正在成型，且對學習者、教師、跟其他的領導者都會產生影響，我們將在下文繼續探究。

到目前為止，深度學習工作不僅展現出其在全世界都能實施的可能性，且無論是哪一個教育系統，學習者和教育工作者都會經歷明顯的改善。NPDL 在全球的順利推動直接證明其工具和流程是可被轉譯，也是可調整的。非常多不同教育系統的參與者都能成功實施這個架構，這個架構也符合了這些教育系統課綱的期待。在深度學習發展的初期階段所收集到的證據證明了 NPDL 在全球也能獲得成功，且因參與者提供更多 NPDL 初步設計與發展方向的資訊，深度學習的進展也就會越來越穩固。

全球相互校準流程

我們已經討論過**深度學習示例**的重要性，它們提供教師機會去陳述自己的設計，以及隨之發展的深度學習成果。藉著分享自己的，也參與他人的示例，每位參與者都有機會在全球的深度學習成果中發揮重要作用。我們所需要的就是這個流程：大家能夠分享、檢核示例、同時根據示例中所描述的學習經驗，確認並進一步發展能夠促進深度學習的教學新創。

參與相互校準所體驗到的學習，闡明這個相互校準流程的重要性。校準過程可建立評分者信度，也能評估不同階段的新檢核對學習的影響。以全球層級來說，它透露出我們很需要強調深度學習的設計及示例的相互校準，這是為了要提供參與者強而有力的深度學習示例，好促進他們繼續成長與發展。

在相互校準過程中，其他確認到的關鍵學習重點如下：

● 對於每一次的學習經驗，無論規模和範圍大小，教師都能使用**新檢核**來思考如何深化特定要素，以改善學習者的成果。

● 當學習與學生的生活息息相關時，學習才是最深入的──對自我的認識、如何融入世界，及如何對社會作出貢獻。無論學習目標是什麼，教師都有機會思考如何深化一般的學習，從而改變學生的生活和世界。

● 從全球相互校準的結果來看，**數位利用**是全球最需要改進的要素。透過數位科技加速學習成果時，應將重點聚焦於如何利用工具**直接促進**學生參與 6Cs 課程與素養的發展。

結語

我們已經證明深度學習在世界各地 K-12 教育系統的發展都已經站穩腳跟，中小學開始重視深度學習的新檢核，並將其與廣泛的評量證據結合使用，以全面了解個別學生的學習成效。

想要大幅度轉向深度學習，我們不得不面臨的主要挑戰是要如何將深度學習從中小學連結至高等教育（Scott, 2016; Tijssen & Yegros, 2016）。相較於運用各式各樣的證據來證明學生自己、證明他們學習經驗、分數以外的能力，還有可以對其他人的生活與世界作出貢獻的方式，用考試成績和其他標準化測驗來評比學生表現容易多了。問題的關鍵在於，如何不用單一指標來定義成功與潛能，而是要聚焦並了解什麼才是真正重要的學習。當每個學生能夠展現學習的面相都很少時，取得入學許可的歷程並不會因此變得比較公平；相反地，應該要讓他們有機會以多元的方式展現自己的學習。

深度學習提供了這樣的機會。正如一位 NPDL 領導者所說：

[有了深度學習]，學生可以用不同的方式變得聰明、優秀，
而傳統教育並不總是能提供這些機會。NPDL 使所有孩子都
有機會能有出色的表現並展現他們的天賦。給學生機會讓他
們可以變好，我們也會改變對他們的看法。

簡而言之，深度學習的下一個目標之一就是要把 NPDL 和評量方
式從中學連結至中學以後的教育階段，但這將是另一本書的主題。

回到本章一開始勾勒的檢核流程，接下來我們該做的是，利用**新
檢核**獲得的學習聚焦於素養的建構，並視需要調整工具及流程。本章
中介紹過的學習將會持續為深度學習的後續步驟提供必要的資訊。

建立**新檢核**的目標是希望在不同國家的教育系統都充分測試過深
度學習後，參與的夥伴能一起針對發生的學習進行評估且修訂工具。
我們現在正在完備深度學習的**新檢核**，以改善教師的能力建構、檢核
能力，及發展深度學習成果的影響力。

6Cs 是較大圖像的一部分，因此，有必要針對畢業生應具備的素
養評量他們深度學習的學習成果。我們與 OECD 達成了一項協議，協
助其發展**全球素養**——這些素養與我們的有很多重疊之處。由於各國
對相同的術語賦予不同的涵義，在國際間要對全球素養的定義達成共
識將會相當複雜。我們認為深度學習中評估學習進程的方法能對全球
性的討論有所貢獻。當我們更向前邁進的時候，本書所關注的重點即
為檢視推動深度學習的條件、在實務中完成深度學習的流程，以及學
習成果本身。我們期待一起參與這樣的發展過程。

最後，也是最重要的，**參與世界改變世界**是相當精神層面的理
念。所有宗教和人類世俗的價值觀都能在深度學習中找到其最根本的
定位。跟著世界行動以獲得學習，進而朝向持續的自我實踐以改變世
界和自己，這個過程是漸進的也是無比美好的。

Note

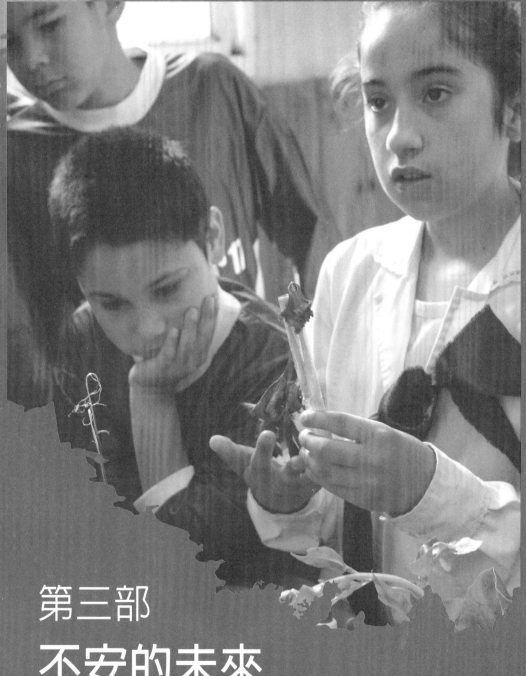

第三部
不安的未來

"" 希臘神話中，
蛇髮女妖三姊妹用迷人
的音樂和聲音
引誘附近船隻上的水手
開船撞上岩岸，
導致船難。 ""

第十章

警笛抑或救贖？
深度學習是地獄或天堂？

警笛響起

我們懷疑歷史上是否曾出現過像現在一樣的時代：整體來看，人類強烈意識到有如此多的危險和機會，但對於怎麼處理這些危險和機會以及其所可能帶來的後果有非常多的不確定性。如果先前就聽取 Paulo Freire 在 2000 年對教育目的的勸告，那麼現在正是時候：「採取行動並改變世界，〔以便〕個人或是群體都能朝著更充實富裕的新生活邁進。」（頁 32）這為深度學習的目的立下很好的意義基礎，對其它學習也是如此。

在最後一章，我們要處理兩大議題。第一，深度學習的地獄和天堂之間有何區別？還有一個是深度學習最終的挑戰：解決社會中日益嚴重的不平等現象。

進入深度學習的地獄或天堂

我的同事 Jal Mehta 是一位社會學家，獲得了一筆研究經費，用於研究全美中學的深度學習示例，他和他的團隊參訪了參與深度學習的學校。幾個月後，他報告說，令人遺憾的是，他們幾乎沒有發現任何可以構成真正深度學習的示例（Mehta & Fine, 2015）。之後，他在一個名為「深度學習：十種落入深度學習地獄的方法」的部落格中，闡述了自己的發現（Mehta & Fine, 2016）。

基本上 Mehta 認為，即使是那些自稱在進行深度學習的學校，維持現況依舊阻礙了深度學習。他的發現表達了改革其實是美妙樂章的

誘惑：直到你抵達時才發現它只是聽起來很不錯罷了。但我們的經驗卻完全不同，這是因為我們為深度學習圖像提供了很明確的架構，且為深度學習實踐建構人力和工具的基礎措施，使其能夠在現實中實現並能讓大家在經驗中相互學習。讓我們來比較 Mehta 的「十種落入深度學習地獄的方法」與我們的「十種抵達深度學習天堂的方法」。

十種落入深度學習地獄的方法

1. 如果你尚未經歷過深刻或強大的學習
2. 如果你不願意重新想像學校教育的「規範與組織運作」
3. 如果你現在不尊重學生，更不用說未來
4. 如果你不給學生一些選擇
5. 如果你的生活沒有奉行「少即是多」的原則
6. 如果你不願意承認自己不知道答案
7. 如果你無法讓失敗成為一種常態也無法為修正和改進創造機會
8. 如果你無法幫助學生在你的課堂或領域有歸屬感
9. 如果你不願意讓世界有一點點走偏的機會
10. 如果你沒有意識到建立深度學習是一種挑戰既有文化主流的事業

十種抵達深度學習天堂的方法

1. 從簡單邁入複雜的想法
2. 學習是個人同時也是群體的
3. 學習能改變夥伴關係及教學法
4. 學習能持續不懈
5. 學習能有群聚效應
6. 學習奠基於與關鍵問題及議題相關的創新上
7. 學習能打擊不平等，讓所有人追求卓越
8. 學習能參與世界，進而改變世界
9. 學習能在此刻就培養明日公民
10. 學習能使年輕人造福長者

因爲深度學習涵蓋了創新、新的夥伴關係，以及發掘未知的事物，要將其付諸實踐比大家預期的挑戰還要多。它要求那些通常與學校很疏離的學生一起參與，也必須要能壓過現狀裡的守舊保守主義。

之前我們就說過，還沒有哪個國家或州已經開發出能實施全系統深度學習的政策基礎措施。許多 NPDL 的教師、校長以及學區領導者在實施深度學習時，都面臨到現行系統的障礙（如評量系統、成績表現報告書與課綱涵蓋的內容）。我們注意到，最近有幾個國家或區域（如芬蘭、加拿大不列顛哥倫比亞省）宣布了有利於深度學習的新課綱政策。儘管在這些新領域實施深度學習的想法仍然很有限，但這種變革正在發生。

2017 年 9 月，加拿大安大略省推動了大膽的政策，整個省的政策架構都往支持深度學習發展。除了有明確的**新平等行動方案**外，安大略省還成立了一個外援團隊，檢視目前由**教育品質與績效責任辦公室**（Education Quality and Accountability Office）執行的評量措施，同時致力於開展課程「革新」，包括數學和其他學科。最有趣的是，該省提出制定新的成績表現報告書，呈現六種可轉移的技能（也就是全球素養）：批判思考，創新與創造力、自主學習、協作、溝通和公民素養。這些當然就是 6Cs，其中，「品格」由「自主學習」取代。

其他國家也朝著相似的方向發展。2017 年 10 月，紐西蘭宣布了政策的變革—廢除**國家標準**，轉而採用一套新的系統，使用與學習進程、其它深度學習及 6Cs 相容的元素。值得注意的是，紐西蘭和加拿大安大略省的變革移除或減少了阻礙深度學習的系統性障礙，如評量學習成果的規準。

這些發展雖然還無法建立系統性的政策基礎措施，但它們是重要的指標，說明全球都在往我們所預測的方向發展。深度學習不僅能向上影響政策制定者，也會影響基層教師。

情況越來越複雜

由於兩個外部因素，使得深度學習在進展上變得越來越困難：第一，越來越惡化的不平等現象，尤其是在美國；第二，數位化的未來讓摩爾定律（積體電路中的電晶體數量每兩年增加一倍；1965 年）看起來是跟不上時代的。

> 我們需要結合社區的投資，用卓越來打擊不平等，才能讓人們擺脫無止盡的失敗輪迴。

城市專家 Richard Florida（2017）最近完成了美國都市的研究，並記錄他所謂的**城市危機**。Florida 記錄到「優勢族群與其他所有人之間的差距越來越大」（頁 55-56）。世代相傳的貧窮愈加牢不可破：「成長於美國倒數四分之一最貧困社區的非裔美國人中，有三分之二的人也在同樣弱勢的社區養育自己的下一代。」（頁 117）

這些發展讓公平假設的實現變得更加迫切，我們需要結合社區的投資，用卓越來打擊不平等，才能讓人們擺脫無止盡的失敗輪迴。我們在 Lynwood 學區的小規模改變上見證到了這一點。這個學區緊鄰洛杉磯 Compton 市，有 15,000 名高貧困學生。學區靠著關注健康和居住等非學科的學習需求，並結合學校的卓越學習目標，使畢業率提升至超過 90%（比州平均畢業率高出 12%）。Richard Florida（2017）提出七大方向的統合方案，其中一個方向就是要「透過對人和地方進行投資來解決貧困」。像 Lynwood 學區那些才能被暗藏的學生，透過結合健康、居住、安全和學校教育，他們有出色表現。

簡而言之，我們需要融入社區的發展並結合運作良好的學校。一旦讓所有人都能深度學習，不僅可以減少不公平，還可促成所有人的良好發展。如果有一群能熟練掌握 6Cs（品格、公民素養、協作、溝通、創造力和批判思考）的年輕人，他們或能成就許多好事。為所有學生都提供優良的深度學習不但能減少不公平，也能讓社會健康成長。

就如同 McAfee 和 Brynjolfsson（2017）所言，利用我們的數位未來是另一項重要議題。要能發展深度學習素養的關鍵因素越來越多，彷彿這是一場使人類變得更好（或摧毀人類）的陰謀。McAfee 和 Brynjolfsson 分析了**機器**、**平臺**和**群絡**這三者之間爆炸性的交互發展。機器包括數位創作廣泛的能力；平臺涉及資訊的組織與發送；群絡指的是「非常大量的人類知識、專業技能以及對其的熱誠正在全世界各地傳播，同時，它們能用網路的方式取得並受到關注。」（頁14）然後，作者將這三種力量兩兩配對：思想與機器、產品與平臺、核心（目前的知識和能力）與群絡（頁 18）。他們認為，企業如果能夠整合且利用這三種力量的不同組合來進行經營，將會是成功的企業，此種做事方法跟我們目前的處理方式完全不同，至少可以說是相當複雜的──我們甚至都還沒有開始談論機器人！

　　目前的重點是：

> 那些不願意從事 [新] 的工作，且嚴格墨守目前科技和組織現狀的企業，基本上會做出與當年固守蒸汽動力的企業相同的選擇……他們會面臨相同的最終命運。（McAfee & Bryolfsson, 2017, p.24）

　　對我們來說，這給予深度學習及向未知學習一個正當性的基礎。與公平假設相呼應，深度學習為暗藏的人才開啟機會之門、撼動了正規學校教育的基礎、並歡迎更加擴展深度學習。這可能意味著 Elmore（2016）是正確的：傳統的教育機構可能無法在新的條件下生存。我們還是要說，我們建議學生、父母、照護者和教育工作者開始培養全球素養，同時也要忙著讓世界變得更加美好，這樣才能在「未知的未來」佔有優勢。

　　讓我們以一個簡單而生動的例子來揭露背景弱勢學生表現的現象。McAfee 和 Brynjolfsson 向我們介紹了美國佛羅里達州的 Broward 郡，他們過去透過父母和師長來推薦資賦優異學童。在 Broward 郡，

大多數學生的背景都是少數族群，但參加資優課程的孩子卻有 56% 是白人。於是該地區根據客觀的標準重擬參與規則：他們讓該學區的每位孩子接受非語言性的智商測試。經濟學家 David Card 和 Laura Giuliano 紀錄到「這個改變的結果令人震驚：被鑑定為資賦優異的非裔美國籍學生增加 80%，而拉丁美洲裔學生數則增加 130%。」（McAfee & Bryolfsson, 2017, p.40）

機器、平臺和網絡越受到重視，人為偏見也就越能減少。換句話說，在這個數位化的世界，6Cs 成為人與人之間的連結，且是能把事情做好的重要基礎能力。用 McAfee 和 Brynjolfsson（2017）的話來說，我們的深度學習模式讓學習者能接觸並與「群體」互動：

> 隨著相互連結的運算力量在全球擴展，有用的平臺在網絡基礎上建構起來，而群絡也已證明為具發展性且寶貴的資源。
>
> （頁 259）

參與世界改變世界；
做好事、學得更多；
世界需要我。

我們還需要學校或類似的機構嗎？

如果學校會被擁有科技能力的群絡打敗，我們還需要它嗎？雖說我們無法確切認為現行學校教育有其必要性，但經過研究，我們有信心地說，深度學習指向我們教育真正的目的：培養懷有 6Cs 技能且具備使用數位科技及組織協調能力的學習者。

因為人類渴望也需要彼此，這是我們需要互相協調的另一個理由，同時也是本書最終的結論。不少神經科學證據顯示人是群居的動物，且因生活經驗的不同而可增進或削弱人際互動能力，對個人或團體的生活世界也帶來影響。

無論如何，未來都是不安且未知的。我們很喜歡目前迅速崛起的巨型中國網路公司「騰訊」，以「誕生於荒野」（The Internet

Challenge, 2015）定位自己，這貼切的隱喻反映了當前多變的環境。無論出於何種意圖和目的，現在的學習者需要自己想辦法或是靠別人幫忙，盡可能集結所有智慧，因此，不妨將他們都視為是誕生於荒野，他們需要 6Cs，也需要假設世界是神秘的、危險的、奇妙的，或用另一種說法，是需要幫助的。

這一切聽起來沒那麼遙不可及。我們與全球夥伴一起發展 6Cs 和深度學習時，體驗到六個**新興的發現**。事實證明，他們其實就在參與世界改變世界的範疇當中。

在進行這項工作時，我們看到一些能廣泛影響眾人的主題自然生成：**參與世界改變世界；做好事、學得更多；世界需要我**。因為這些主題來自於體驗式深度學習，它們既不膚淺，也不是樂天派的。我們這些新興的發現來自於正在實踐 NPDL 的學習者。

實施深度學習時的新興發現

1. **幫助人類**：兒童和青年天生就願意改善人類。

2. **融合生活與學習**：當學習與日常生活中最重要的事物緊密相關時，學習才是最強大的。學習的法則帶有個人目的，也要做出有價值的事情。

3. **與他人合作是內在的動力**：與他人一起做有價值的事情是一種深刻的人類經驗。

4. **品格、公民素養和創造力扮演全球素養的催化劑**：全球素養能驅動綜整性的行動，挖掘並實現有價值的事情。

5. **年輕人是最好的變革推手**：從嬰兒時期就開始了，但不是孤立的。青年和長者需要彼此：發現統合綜效。

6. **用卓越打擊不公平**：隨著世界變得越來越不公平，用深度學習扭轉的力量才能達成全面更好的卓越，這對地球的生存發展至關重要。

這些新興的發現是因為機器、平臺、群絡之間有難以預測的交互作用，帶給世界集體的焦慮及改變。面對這些更強而有力的推進，互相連結和關懷的能力將更加重要。簡而言之，正如我們所描繪的，我們將需要更多的深度學習。

提醒學習者要團隊合作這件事從來沒有這麼重要過，這樣才能了解學習的全貌。雖然過程中可能會犯嚴重錯誤，但我們知道，如果學習者具備 6Cs，無論在哪種情況，他們都會有辦法好轉的。我們最深的共同期盼就是深度學習者能夠承載這個世界。

我們最深的共同期盼就是深度學習者能夠承載這個世界。

附錄

七個國家

　　請來一窺我們七個夥伴國家通往深度學習的旅程。沒有任何一個國家是相似的。有的國家參與的學校數不多，有的國家則有數百所學校參與。這本書只捕捉了一些示例，但還有數百間的學校正在快速出現。透過 6Cs（品格、公民素養、協作、溝通、創造力和批判思考）定錨共同語言，讓教師、領導者及學生幾乎可立即與深度學習產生連結。由於深度學習成為動力源，可作為正面感染的力量。

澳洲

　　澳洲維多利亞省、塔斯馬尼亞（Tasmania）省的教育訓練部門承擔了領導的角色，初期維多利亞省有 80 所、塔斯馬尼亞（Tasmania）省則有 20 所學校參與。2015 年，昆士蘭省有 8 所學校參與成為子校群，並在一年內拓展至 29

©iStockphoto.com/cnythzl

所。澳洲透過一整套全面的全球性工具和歷程很快地動起來，但在內部推動時，回應在地需求以策動組織的建構與發展。他們發展出全面的支持結構和資源，與其他國家分享並受到高度重視。協作探究是一種刻意的機制，用來培養跨校深度對話，為跨校的行動構想和技能提供養分。

加拿大

在 10 個省級和 3 個地區級的教育部底下形成學區教育局組織。雖然沒有聯邦或國家課綱的參與，但省級常常會一起開會以確保與全國的一致性。2014 年，加拿大有 14 個學區教育局、大約 100 所學校加入 NPDL。一開始的學校都來自

©iStockphoto.com/alexsl

安大略和曼尼托巴這兩個省份，到了現在，有 28 個學區教育局、橫跨 6 個省份，超過 300 所學校積極參與 NPDL。分布在各地區的學區教育局固定舉辦線上會議，在會議中分享資源、探究教學實踐問題、並相互校準示例。學區有蓬勃發展的能力建構方法，透過深度學習實驗室和跨學區的參訪，重視走出去是爲了讓自己變得更好的能力。

芬蘭

芬蘭過去十年一直都在 OECD 評比上的頂端，每年接待數以萬計想要學習芬蘭學生成功祕訣的教育工作者。儘管學生在國際測驗上有突出的表現，家長社區也很滿意，政府還是著手建立新的國家課綱，以讓學生準備好面對數位世

©iStockphoto.com/
claudiodivizia

界。同時，這讓當地的夥伴 —— 微軟，進一步支持 100 所學校校群發展深度學習。芬蘭以**全系統的心智習性**開始，NPDL 則補充新課綱所缺乏「如何做」的部分。他們運用一整套精準且可聚焦的工具以規劃與研討實施新課綱的跨領域教學。最終，在與其他國家脈絡比較可行性時，協作探究和全球相互校準的過程可發揮相當大的影響力。芬蘭教育主要由市鎮政府管轄；目前，深度學習方案由單一專業發展組織負責連結 26 個市鎮及超過 250 所學校。

荷蘭

荷蘭在組織及政治上都有其獨特的脈絡，賦予公民教育選擇權，這代表只要符合荷蘭的教育系統標準，任何人都可以根據個人的信念開辦學校。為了回應教育中快速改變的社會需求，荷蘭教育文化科學部已經邀請各處的夥伴為 2035

©iStockphoto.com/
flowgraph

年的教育圖像建立清楚的願景。參與 NPDL 直接促使整個國家將焦點放在轉化現在及未來教育的學習，並邀請參與者跨出舒適圈，找到新奇有創意的方式，以最佳化自己和他人的實作。對於參與學校而言，建立一個能力發展的組織來連結不同的學校理事會並促成共同學習旅程，這至關重要。將綜合性的工具與建全的**能力建構**方法連貫，促成跨校的連結，並讓學校走出去是**為了讓自己變得更好**。學校描述了教學過程和師生關係的改變，這些在一年前都是想像不到的。

紐西蘭

2017 年 10 月，最新當選的政府宣布了一項政策變革，廢除**國家標準**，轉而與一些領域專家及在線的教育工作者合作，支持建立新系統，運用學習進程以及其他和深度學習與 6Cs 相符合的元素。政府希望透過提供機會讓學校可以運用

©iStockphoto.com/cnythzl

既有的學習社群（CoL）關係來協同設計共同計畫，強化公立學校教育。紐西蘭持續高度關注這些成功的計畫以提升毛利人的成就，同時，正在研究為毛利人設立特定的中學合格證書。透過檢核素養成功的方式，他們加入深度學習評量設計的全球變革挑戰。參與 NPDL 但仍對準他們課綱中以素養為導向的架構，NPDL 強調 6Cs 及發展新的學習策略與組織架構，並以此作為提供教師、學校協作的理想情境以共同努力達成學校及國家教育目標。透過使用健全的能力建構方法、相互

校準歷程、用跨校的方式走出去是為了讓自己變得更好，紐西蘭從一開始的 7 所學校擴展成 29 所參與。值得注意的是，為了支持深度學習，紐西蘭和安大略省都消除或減少了系統性障礙（如成功的表現指標），兩地的政策變革看起來非常類似。

美國

美國領土廣闊且各地的脈絡及政治結構殊異而複雜，有 4 個州已經加入 NPDL 並形成虛擬的網絡，跨越地理的藩籬進行學習。加州、密西根州及華盛頓州過去這一年非常積極，而康乃狄克州則發展了夥伴校群。這些個案所在的脈絡、

©iStockphoto.com/
MargaretClavell

地理環境、人口分布都很不一樣，但能在自己州內，也能跨州甚至在全球與其他組織一起進行學習的機會，把他們都拉進 NPDL。還有其他幾個州也在組織加入這個夥伴關係。他們透過線上資源及連結擴大使用強而有力且直接的能力建構方法。

烏拉圭

脈絡是重要的，烏拉圭用**慢慢來才能走得快**的策略，成為整體國家系統改變的案例。烏拉圭採用民主制度，認為教育是人民未來成功的關鍵基礎，因此在十年前開始做出重大變革，從高度中央集權的系統轉變成善用所有人才潛能的系

©iStockphoto.com/
Viktorcvetkovic

統。Ceibal 是一個由政府出資但獨立運作的機構，主要負責科技相關能力的發展。他們建立一整套工具與流程，與最初的 100 所學校建構出共同的語言和技能。在第二、三年，靠著強大的科技基礎，進一步發展出更全面且持續推動的方法，擴充能力建構可及的範圍並服務超過 400 所學校。

American Institutes of Research. (2014). *Study of deeper learning: Opportunities and outcomes*. Palo Alto, CA: Author.

Biggs, J., & Collis, K. (1982). *Evaluating the quality of learning: The SOLO taxonomy (structure of the observed learning outcome)*. New York, NY: Academic Press.

Cadwell, L. B. (1997). *Bringing Reggio Emilia home: An innovative approach to early childhood education*. New York, NY: Teachers College.

Cadwell, L. B. (2002). *Bringing learning to life: A Reggio approach to early childhood education*. New York, NY: Teachers College.

Clinton, J. (2013). The power of positive adult relationships: Connection is the key. Retrieved from http://www.edu.gov.on.ca/childcare/Clinton.pdf

Comber, B. (2013). Schools as meeting places: Critical and inclusive literacies in changing local environments. *Language Arts*, *90*, 361-371.

Connection through relationship: The key to mental health. (2017, June 13). [Seminar]. Toronto, Canada.

Davidson, E. J., & McEachen, J. (2014). *Making the important measurable: Not the measurable important*. Seattle, WA: The Learner First.

The Deming Institute.(n.d.).The Deming system of profound knowledge. Retrieved from https://deming.org/explore/so-p-k

The Economist. (2017). Together, technology and teachers can revamp schools. Retrieved from https://www.economist.com/news/leaders/21725313-how-science-learning-can-get-best-out-edtech-together-technology-and-teachers-can

Elmore, R. (2016). Getting to scale…it seemed like a good idea at the time. *Journal of Educational Change*, *17*, 529-537.

Epstein, J. L. (2010). School/family/community partnerships: Caring for the children we share. *Phi Delta Kappan*, *92*, 81-96.

Epstein, J. L., Sanders, M. G., Sheldon, S. B., Simon, B. S., Salinas, K. C., Jansorn, N. R., Van Voorhis, F. L., …Williams, K. J. (2009). *School, family, and community partnership: Your handbook for action* (3rd. ed.). Thousand Oaks, CA: Corwin.

Florida, R. (2017). *The new urban crisis*. New York, NY: Basic Books.

Fraser, B. J. (2012). *Classroom environment*. New York, NY: Routledge.

Freire, P. (1974). *Education for critical consciousness.* London, UK: Bloomsbury.

Freire, P. (2000). *Pedagogy of the oppressed.* New York, NY: Bloomsbury.

Freire, P. (2013). *Education for critical consciousness.* London, UK: Bloomsbury Academic.

Fromm, E. (1941). *Escape from freedom.* New York, NY: Farrar & Rinehart.

Fromm, E. (1969). *Escape from freedom.* (2nd ed.) New York, NY: Holt.

Fullan, M. (2014). *The principal: Three keys for maximizing impact.* San Francisco, CA: Jossey-Bass

Fullan, M. (2015). *Freedom to change.* San Francisco, CA: Jossey-Bass.

Fullan, M. (2017). *Indelible leadership: Always leave them learning.* Thousand Oaks, CA: Corwin.

Fullan, M., & Edwards, M. (2017). *The power of unstoppable momentum: Key drivers to revolutionize your district.* Bloomington, IN: Solution Tree.

Fullan, M., & Gallagher, M. J. (2017). *Transforming systems: Deep learning and the equity hypothesis.* Palo Alto, CA: Learning Policy Institute.

Fullan M., & Hargreaves, A. (2016). *Bringing the profession back.* Oxford, OH: Learning Forward.

Fullan, M., & Quinn, J. (2016). *Coherence: The right drivers in action for schools, districts, and systems.* Thousand Oaks, CA: Corwin.

Gallup. (2016). 2016 Gallup Student Poll: A snapshot of results and findings. Retrieved from http://www.gallup.com/file/reports/211025/2016 Gallup Student Poll Snapshot Report.pdf

Grey, A. (2016). The 10 skills you need to thrive in the fourth industrial revolution. *World Economic Forum.* Retrieved from https://www.weforum.org/agenda/2016/01/the-10-skills-you-need-to-thrive-in-the-fourth-industiral-revolution

Hattie, J. (2012). *Visible learning for teachers.* New York, NY: Routledge.

Heller, R., & Wolfe, R. (2015). *Effective schools for deeper learning: An exploratory study. Students at the center: Deeper learning research series.* Boston, MA: Jobs for the Future.

Helm, H., Beneke, S., & Steinheimer, K. (2007). *Windows on learning: Documenting young children's work.* Ann Arbor, MI: Teachers College Press.

Howcroft, J. (2016). *What makes a great community?* [NPDL Exemplar].

Huberman, M., Bitter, C., Anthony J., & O'Day, J. (2014). *The shape of deeper learning: Strategies, structures, and cultures in deeper learning network high schools. Report #1 findings from the study of deeper learning: Opportunities and outcomes.* Washington, DC: American Institutes for Research. Retrieved from http://www.air.org/sites/default/files/downloads/report/Report%201%20The%20Shape%20of%20Deeper%20Learning_9-23-14v2.pdf

Hutchins, D. J., Greenfeld, M. G., Epstein, J. L., Sanders, M. G., & Galindo, C. (2012). *Multicultural partnerships: Involve all families.* New York, NY: Taylor and Francis.

Ilo, A., & Saarenkunnas, M. (2016). *Europe.* [NPDL Exemplar].

Institute for the Future for University of Phoenix Research Institute. (2011). Future work skills 2020. Retrieved from http://www.iftf.org/uploads/media/SR-1382A_UPRI_futrue_work_skills_sm.pdf

The Internet challenge in China: A case study of Tencent. (2015). [Seminar]. Palo Alto, CA: Stanford Law School.

Jenkins, L. (2013). *Permission to forget.* Milwaukee, WI: American Society for Quality.

Jenkins, L. (2015). *Optimize your school: It's all about strategy.* Thousand Oaks, CA: Corwin.

Kluger, J. (2009). *Simplexity: Why simple things become complex (and how complex things can be made simple).* New York, NY: Hyperion.

Lindstrom, M. (2016). *Small data: The tiny clues that uncover huge trends.* New York, NY: St. Martin's Press.

McAfee, A., & Brynjolfsson, E. (2017). *Harnessing the digital world: Machine platform crowd.* New York, NY: W. W. Norton.

Mehta, J. (2016, August 25). Deeper learning: 10 ways you can die. [Web log comment]. Retrieved from http://blogs.edweek.org/edweek/learning_deeply/2016/08/deeper_learning_10_ways_you_can_die.html

Mehta, J., & Fine, S. (2015). *The why, what, where, and how of deeper learning in American secondary schools. Students at the center: Deeper learning research series.* Boston, MA: Jobs for the Future.

Miller, P. [millerpEDU]. (2017, February 7). The modern learning "space" includes physical and virtual spaces but more importantly the cultural and relationship spaces. #innovations21 [Tweet]. Retrieved from https://twitter.com/millerpEDU/status/828980776502964228

Montessori, M. (2013). *The Montessori method.* Piscataway, NJ: Transaction.

Moore, G. (1965). Cramming more components onto integrated circuits. *Electronics,* 114-117.

New Pedagogies for Deep Learning. (2016). NPDL Global Report. (1st ed.). Ontario, Canada: Fullen, M., McEachen, J., Quinn, J. Retrieved from http://npdl.global/wp-content/uploads/2016/12/npdl-global-report-2016.pdf

New Pedagogies for Deep Learning: A Global Partnership. (2016). *Bendigo Senior Secondary College speed dating with the pollies.* Retrieved from http://fuse.education.vic.gov.au/?8KKQKL

Noguera, P., Darling-Hammond, L., & Friedlaender, D. (2015). *Equal opportunity for deeper learning. Students at the center: Deeper learning research series.* Boston, MA: Jobs for the Future.

OECD. (2016). *Global competency for an inclusive world.* Paris, France: OECD.

Ontario Ministry of Education. (2014a). *Achieving excellence: A renewed vision for education in Ontario.* Ontario, Canada: Author. Retrieved from http://www.edu.gov.on.ca/eng/about/renewedvision.pdf

Ontario Ministry of Education. (2014b). *Capacity building series: Collaborative inquiry in Ontario.* Ontario, Canada: Author. Retrieved from http://www.edu.gov.on.ca/eng/literacynumeracy/inspire/research/CBS_CollaborativeInquiry.pdf

Ontario Ministry of Education. (2014c). *How does learning happen? Ontario's pedagogy for the early years.* Ontario, Canada: Author. Retrieved from http://www.edu.gov.on.ca/childcare/HowLearningHappens.pdf

Ontario Ministry of Education. (2016). *Ontario's well-being strategy for education.* Ontario, Canada: Author. Retrieved from: http://www.edu.gov.on.ca/eng/about/WBDiscussionDocument.pdf

OWP/P Cannon Design Inc., VS Furniture, & Bruce Mau Design. (2010). *The third teacher: 79 ways you can use design to transform teaching & learning.* New York, NY: Abrams.

Pane, J., Steiner, E., Baird, M., Hamilton. L., & Pane, J. (2017). *Informing progress: Insights on personalized learning implementation and effect.* Santa Monica, CA: Rand Corporation; Funded by Bill and Melinda Gates Foundation.

Pappert, S. (1994). *The children's machine: Rethinking school in the age of the computer.* New York, NY: Basic Books.

Piaget, J. (1966). *The origin of intelligence in the child.* London, UK: Routledge & Keegan Paul.

Quaglia, R., & Corso, M. (2014). *Student voice: The instrument of change.* Thousand Oaks, CA: Corwin.

Ramo, J. C. (2016). *The seventh sense.* New York, NY: Little Brown.

Robinson, K. (2015). *Creative schools.* New York, NY: Viking.

Robinson, V. (2017). *Reduce change to increase improvement.* Thousand Oaks, CA: Corwin.

Rubin, C. M. (2016) The global search for education: Would small data mean big change? [Blog]. Retrieved from http://www.huffingtonpost.com/c-m-rubin/the-global-search-for-edu_b_12983592.html

Ryan, R. M., & Deci, E. L. (2017). *Self-determination theory: Basic psychological needs in motivation, development, and wellness.* New York, NY: Guilford.

Schein, E. H. (2010). *Organizational culture and leadership* (4th ed.) San Francisco, CA: Jossey-Bass.

Scott, G. (2016). *Transforming graduate capabilities & achievement standards for a sustainable future.* Sydney, Australia: Western Sydney University.

Scott, K. (2017). *Radical candor.* New York, NY: St. Martin's Press.

Shnur, J. (2016). Pine River Annual Improvement Plan 2017, personal communication, December 2016.

Tijssen, R., & Yegros, A. (2016). The most innovative universities: An alternative approach to ranking. *Times Higher Education.* Retrieved from https://www.timeshighereducation.com/blog/most-innovative-universities-alternative-approach-ranking

Timperley, H. (2011). *The power of professional learning.* Maidenhead, UK: Open University Press.

Tough, P. (2016). *Helping children succeed: What works and why.* New York, NY: Houghton Mifflin Harcourt.

Walker, B., & Soule, S. (2017, June 20). Changing company culture requires a movement, not a mandate. *Harvard Business Review, 2-6.*

致謝辭

當你要處理一個超過五年的全球夥伴關係、其中涵蓋上千所學校，就會需要感謝無數的人，我們要感謝的人很多很多。可以這麼說，我們根本的學習原則非常成功，有 80% 最棒的點子都是來自於領頭實踐者，在學校、學區、市級層級、政府甚至更多地方都能發現這些人。為了我們一起共同學習到的事物，要感謝這些來自各個年齡層的共同學習者。

我們要感謝 Hewlett 基金會，尤其是 Barbara Chow 以及 Marc Chun，長久以來投入於深度學習及堅定明確的支持。也要感謝 Stuart 基金會長期贊助加州系統性變革的工作，在談到深度系統性變革時，他們有全方位的領導力。

我們很幸運在周遭有這麼多堅定投入的優秀人才、國家以及各個國家的校群領導者：Lynn Davie、Mary Coverdale、Ben Wilson（澳洲）；Tom D'Amico、Anita Simpson，Dana Liebermann、Bill Hogarth、Patrick Miller（加拿大）；Vesa Åyrås、Kati Tiainen、Kaisa Jussila、Paula Vorne（芬蘭）；Marlou van Beek、Baukje Bemener（荷蘭）；Derek Wenmoth、Margot McKeegan（紐西蘭）；Miguel Brechner、Claudia Brovetto、Andrés Peri（烏拉圭）；Larry Thomas、Pam Estvold、JoDee Marcellin（美國）。非常感謝這麼多學校、教師和行政人員在示例及影片中貢獻了他們故事。

接下來是我們的全球團隊，這是一群精力充沛、非常投入的領導者：Mag Gardner、Max Drummy、Cecilia de la Paz、Bill Hogarth、Catie Schuster、以及 Matt Kane。我們在各種新的倡議上與許多意見領袖合作：Eleanor Adam、Santigo Rincon- Gallardo、Jean Clinton、MaryJean Gallagher、Peter Hill、Bill Hogarth、Cathy Montreuil、John

Malloy、Joelle Rodway、Andreas Schleicher、Michael Stevenson、Andy Hargreaves、Carol Campbell 等等。

　　有很多人的協助才能完成這本書。我們自己的團隊洋溢著極高的品質：Claudia Cuttress、Mary Meucci，以及協助圖表部分的Trudy Lane 和 Nolan Hellyer。我們要感謝安大略省校長協會長久以來的支持，一起完成出版工作。最後，要感謝我們超棒的的出版商—Corwin。他們速度快、很有彈性、對品質又一絲不苟，萬分感激Arnis、Desirée、Melanie、Deanna 還有 Corwin 的設備。

作者群

Michael Fullan 是多倫多大學安大略教育研究機構的前所長，爲全世界教育改革的權威。他力勸世界各地的政策制訂者及當地領導者都應該要協助達成所有孩童學習的道德目的。Michael Fullan 於 2012 年 12 月獲頒加拿大勳章，同時也獲頒遍及世界五所大學的榮譽博士學位。

Michael 著作豐富且得獎無數，已被翻譯成多國語言。*Leading in a Culture of Chnage* 獲頒 Learning Forward（前身爲 National Staff Development Council）的 2002 年度書籍獎；*Breakthrough*（與 Peter Hill 及 Carmel Crévola 合著）贏得 American Association of Colleges for Teacher Education（AACTE）的 2006 年度書籍獎；*Turnaround Leadership in Higher Education*（與 Geoff Scottt 合著）贏得 2009 年 Bellwether 書籍獎。*Change Wars*（與 Andy Hargreaves 合著）獲頒 Learning Forward 的 2009 年度書籍獎，而另一本與 Andy Hargreaves 合著的 *Professional Capital* 則榮獲 ACCTE 的 2013 年度書籍獎，並在 2015 年獲頒 Grawemeyer 獎（格文美爾大獎），這個獎項表彰「單單一個有創意的想法能對世界造成的影響」。Michael Fullan 最新的書籍有 *The Principal: Three Keys for Maximixing Impact, Coherence: Putting the Right Drivers in Action*（與 Joanne Quinn 合著）、與 Mark Edwards 合著的 *Indelible Leadership: Always Leave Them Learning* 及 *The Power of Unstoppable Momentum*。Michael 目前爲安大略首長及教育部的顧問。

Joanne Quinn 是國際顧問、作家及講者，她有自己的顧問公司，專注於全系統變革、能力建構、學習與領導力。她同時也是聚焦於轉變學習方式的深度學習新創教學，其共同創立者和全球總監，也擔任政府、基金會以及教育系統的顧問，並在州、省、全國甚至全球都有帶領全系統變革的計畫。身為加拿大安大略省教育局教育局督學、執行顧問以及多倫多大學成人進修教育系主任，Joanne 曾在各教育領域擔任過領導職務，也曾在 Leanring Forward 擔任過會長，及安大略分會的創始會長。

她最近的著作包括一些暢銷書，與 Michae Fullan 合著的 *Coherence: The Right Drivers in Action for Schools, Districts, and Systems*，以及與 Michae Fullan 和 Eleanor Adam 合著的 *The Taking Action Guide for Building Coherence in Schools, Districts, and Systems*。Joanne 多元的領導角色和她熱衷於為所有人打開機會之窗，為她帶來了積極影響的獨特視角。

Joanne McEachen 是國際公認的教育領導者，她與 Michael Fullan 及 Joanne Quinn 共同創立深度學習教學新創（NPDL），擔任全球新檢核總監。

Joanne 也是 The Learning First 機構的創立者及執行長。經由她過去三十年在教育界的經驗及 NPDL 在美國的夥伴關係，此機構提出全

球的課程，透過全系統變革這樣的透鏡，檢核方式、評量、教學和學習都發生了革命性的變革。藉由最沒有受到照顧的學習者眼光，她的方法論不斷長期地審視教育系統、接納並慶祝他們的文化身分認同及個別的興趣與需求。

Joanne 的專業知識涵蓋了教育系統的各個層面。她曾是紐西蘭和世界各地的老師、校長、區域經理和國家變革負責人。憑藉解決學校和教育部門所面臨問題的第一手經驗，Joanne 提供的工具，措施和思想與數位科技的運用相結合，並為每個學習者加深了學習的興趣。

譯者群

總編譯

國立臺灣師範大學　　　陳佩英　教授

譯者群

臺北市立中正高級中學　江惠真　校長
臺北市立萬芳高級中學　劉葳薕　校長
臺北市立中正高級中學　李壹明　教師
臺北市立中正高級中學　林容秀　教師
臺北市立中正高級中學　徐采晨　教師
臺北市立建成國民中學　曾瀅芮　組長

校者群

蓮溪教育基金會　　　　許伯安　執行長
國立暨南國際大學　　　洪雯柔　教授
臺北市立百齡高級中學　邱淑娟　退休校長
臺北市立內湖高級中學　許靜喆　教師
新北市立中和高級中學　郭慧敏　主任
新北市立三民高級中學　林承龍　主任

國家圖書館出版品預行編目（CIP）資料

深度學習：參與世界改變世界/Michael Fullan, Joanne
Quinn, Joanne McEachen 著；陳珮瑛、江惠真、劉葳
蕤，李壹明，林容秀，徐采晨，曾瀅芮翻譯. -- 初版. -- [臺
北市]：國立臺灣師範大學出版中心，2022.01
　　面；　公分
　　譯自：Deep learning ： engage the world change the
world.
　　ISBN 978-986-5624-78-1(平裝)

　1. CST: 教育改革　2.CST: 教育規劃

520　　　　　　　　　　　　　　111000392

深度學習：參與世界改變世界

英文版作者｜Michael Fullan, Joanne Quinn, Joanne McEachen

總　編　譯｜陳佩英

翻　　　譯｜陳佩英、江惠真、劉葳蕤、李壹明、林容秀、徐采晨、曾瀅芮

校　　　閱｜許伯安、洪雯柔、邱淑娟、許靜喆、郭慧敏、林承龍

出　　　版｜國立臺灣師範大學出版中心

發　行　人｜吳正己

出 版 總 編｜廖學誠

執 行 編 輯｜陳靜怡、金佳儀

電　　　話｜(02)7749-5229

傳　　　真｜(02)2393-7135

信　　　箱｜libpress@ntnu.edu.tw

初　　　版｜2022 年 1 月

初 版 一 刷｜2024 年 3 月

售　　　價｜新臺幣 500 元（缺頁、破損或裝訂錯誤，請寄回更換。）

I S B N｜978-986-5624-78-1

G　P　N｜1011100109